AF450773

MEMOIRE

POUR
LA DAME HATTE,

CONTRE

Mesdames DE VAUVRAY et DE VIEUXMAISONS, ses filles.

EN presence du Sieur HATTE, son fils.

A PARIS,

DE L'IMPRIMERIE DE LOUIS CELLOT,
Rue Dauphine.

M. DCC. LXV.

(5)

MEMOIRE Grand'-Chambre.

POUR la Dame HATTE.

CONTRE *Mefdames* DE VAUVRAY & DE VIEUXMAISONS, *fes filles.*

EN *préfence du fieur* HATTE, *fon fils.*

LA Dame Hatte étoit deftinée à éprouver fucceffi-vement toutes les difgraces qui peuvent accabler une époufe & une mere.

Elle fut bannie de la maifon conjugale par une de fes proches parentes, qui ufurpa publiquement fes droits. Elle vit enfuite facrifier fon fils par cette parente féductrice, dont le regne & les attentats n'ont fini qu'avec la vie du malheureux époux qu'elle obfédoit.

Réduite aujourd'hui à implorer le fecours des Loix;

A ij

pour obtenir une juſtice que ſon mari lui devoit &
lui promit cent fois , à quelles nouvelles horreurs eſt-
elle livrée ! Un fils qui marcha toujours dans les ſentiers
de l'honneur & de la gloire, attendant aux pieds de ſes
Juges l'Arrêt qui va décider de ſon exiſtence dans la
ſociété , ou de ſa deſtruction. Deux filles armées par
l'intérêt contre ce fils & contre leur mere ; immolant
au ſoin d'une fortune , que leur frere mépriſe , les devoirs les plus ſacrés ; accuſant à la face de l'univers celle
qui leur a donné le jour.

Si du moins la Dame Hatte pouvoit dans un morne
ſilence dévorer tant d'amertume & de douleur ! Mais
il faut qu'elle parle & qu'elle divulgue les plus affreuſes
anecdotes. Il faut qu'elle eſſaie de prouver une vérité,
dont l'entiere connoiſſance eſt réſervée à l'Être ſuprême,
la légitimité de ſon fils dans l'ordre de la nature. Eſt-ce
à ſa propre juſtification qu'elle accorde un ſi cruel dé-
tail ? Bientôt elle n'exiſte plus. Souſtraite bientôt aux
vains raiſonnemens de la malignité , toutes ſes humi-
liations ſeront enſevelies avec elle. C'eſt à ſon fils, c'eſt
à ſes filles elles-mêmes, que ſa défenſe eſt conſacrée. Il
gémiroit encore, ce vertueux fils, au milieu de la vic-
toire qu'il eſpere de la ſuprême équité des Magiſtrats,
ſi les nuages qui ont environné ſa filiation n'étoient
pas diſſipés. Meſdames de Vauvray & de Vieuxmaiſons
pourroient-elles n'en pas gémir de leur côté, quand
elles ouvriront les yeux ſur leur égarement , ſur la mémoire de leur mere, qu'elles ont voulu flétrir à jamais ?

Vient-elle donc , cette mere courbée ſous le poids
de l'âge & des infirmités , au moment de tout quitter,
& de rendre compte de tout , commettre le plus exé-

crable des parjures ? Quoi ! contre fon fang. Quoi !
pour enrichir, au préjudice de fes filles, un enfant qui
feroit le fruit du crime. Cette feule réflexion devroit
fuffire.

On verra au refte par les faits fi la légitimité eft vraifemblable, & fi l'on pourroit raifonnablement l'exclure, même comme homme. La Loi n'admet en cette
matiere que l'impoffibilité phyfique ; mais on jugera
s'il y a dans l'efpece l'ombre même d'une impoffibilité
morale : fi tout ne s'unit pas au contraire pour con-
fondre la calomnie, & faire éclater l'innocence.

Il eft dans cette Caufe, fans doute, comme dans
toutes les Caufes d'Etat, des fingularités qui ont pu
donner lieu aux conjectures.

La Dame Hatte avoit quitté fon mari en 1718, un
an avant l'époque où elle devint groffe du Réclamant.
Elle avoit intenté même une demande en féparation
de corps.

Dans le tems de la conception, *au mois de Novembre
1719*, la féparation de fait fubfiftoit. Le mari & la
femme réfidoient à Paris, mais avoient chacun leur
habitation particuliere.

Après l'accouchement, qui arriva le 17 Août 1720,
dans le Village de la Chapelle, contigu au Fauxbourg
Saint Denis, l'état de l'enfant fut tenu fecret. Le Réclamant eft donné dans le principe, & pendant dix-
huit ans de fuite, pour fils des Sieur & Dame Corrigé. Il porte à la penfion du Fauxbourg Saint An-
toine les noms de *Marie-Jofeph-Jean-Baptifte Corrigé
de la Riviere* ; & il continue de les porter au College

de la Marche, d'où il fort en 1738, fe difpofant à entrer au fervice.

Point d'acte de baptême fous le nom de Hatte. On applique même au Réclamant en 1738 un acte de baptême fait à Paris en l'Eglife de Saint Euftache fous des noms fuppofés & imaginaires, contenant *Charles-Jofeph de Rougemont, fils d'Etienne de Rougemont, Officier, & de Jeanne Morel, fa femme, demeurans cul-de-fac Saint Pierre.*

Pendant trente-fept ans la Dame Hatte laiffe ignorer à fon fils ce qu'il eft, au lieu de le faire paroître en Juftice pour réclamer fon état. Jufqu'en 1738 il s'étoit cru fils des Sieur & Dame Corrigé. En 1738 le fieur Corrigé lui déclare que fon nom eft Rougemont, *que fes pere & mere font morts, & l'ont laiffé en bas âge ; que fon acte de baptême eft à Saint Euftache ; qu'il n'a qu'à fe conduire en honnête homme, & que rien ne lui manquera.* Il fe croit en conféquence fils des Sieur & Dame de Rougemont, depuis 1738 jufqu'en 1757, qu'il fe connoît enfin lui-même, par l'aveu qu'il arrache à fa mere.

Un enfant qui fe préfente dans une telle pofition eft toujours pour le public une forte d'énigme, qu'on n'eft que trop porté à expliquer contre l'enfant lui-même, & principalement contre celle qui l'a conçu. On ne voit que les faits extérieurs, qui femblent indiquer une naiffance fufpecte ; on ignore ceux qui pourroient détruire un fi trifte préjugé. Eft-il étonnant qu'on foit injufte ?

Mais qu'on defcende à l'examen, & qu'on approfondiffe. A côté de ces apparences qui féduifent, qu'on

place les particularités que la Dame Hatte eſt forcée
d'expoſer au grand jour, & dont la plupart ſont dé-
montrées. Qu'on liſe d'abord les faits qui répondent
aux prétendus indices d'illégitimité ; qu'on liſe enſuite
les faits qui s'offrent de toute part pour annoncer la légitimité. La vérité ſera-t-elle étouffée plus long-tems
par les préventions ?

On n'apprendra point ſans ſurpriſe les événemens
qui vont être tracés dans la premiere partie : le ſang
s'élevant ſans ceſſe contre le ſang ; l'épouſe perſécutée
ſans relâche, juſqu'au dernier ſoupir de ſon mari, par
celle qui eût dû la défendre ; le mari aveuglé au point
de méconnoître & de menacer le fruit de ſon union
avec ſa femme ; l'état du fils, indignement ſupprimé à
l'inſçu de ſa mere. Tous les maux dont la nature peut
être aſſiégée, ſont raſſemblés contre le pere, contre la
mere, contre le fils. Mais une ſuppreſſion d'état eſt-
elle un événement qui doive ne rien renfermer d'extraordinaire ? Les preuves ſoutiendront à chaque pas
ce triſte récit. Et quels nouveaux traits de lumiere ne
s'offriront pas dans la ſeconde partie, pour tout confirmer !

PREMIERE PARTIE.

Faits qui écartent les prétendus indices d'illégitimité.

L'origine de tous les malheurs de la Dame Hatte &
de ſon fils ſe trouve dans la ſéparation même de 1718.

Le ſieur Hatte, marié en 1713, n'avoit donné à ſa
femme d'autres déſagrémens que ceux qui devoient

(I).
Séparation
de 1718.

naturellement réſulter de la jalouſie la plus effrénée. Jaloux par caractere, & à l'excès, jaloux du premier qui parloit à ſa femme, & de ceux même qu'il attiroit dans la maiſon, tout étoit pour ce mari objet de dé-fiance & d'alarmes. On s'en ſouvient encore dans la famille. On n'y a point oublié les traits de frénéſie que donnoit continuellement le ſieur Hatte, & dont plu-ſieurs ſe paſſerent dans la maiſon même de la Dame le Riche, ſa tante *.

Malgré cet invincible panchant, qui domina toujours le ſieur Hatte, la naiſſance de Meſdames de Vauvray & de Vieuxmaiſons, en 1714 & 1715, fait la preuve de l'union qui s'étoit toujours ſoutenue entre les époux.

Mais vers la fin de 1716 une femme, dont la Da-me Hatte ne devoit pas ſe défier, qui lui tenoit par le ſang, & qui étoit ſa parente ſi proche, qu'on ne peut y penſer ſans frémir, s'empara de l'eſprit & du cœur du ſieur Hatte. De-là tous les maux qui ont ſuivi ; de-là le divorce ; de-là, comme on le verra dans la ſuite, l'infortune même du fils, que cette parente dénaturée regarda toujours comme inſéparable de celle de la mere.

Les repréſentations que la Dame Hatte fit à ſon ma-ri & à la parente elle-même, ne ſervirent qu'à indiſpo-ſer. La Dame Hatte inſiſta, & ſon mari s'aigrit de plus en plus contre elle. Enfin les mauvais traitemens & les ſévices furent portés au point, qu'il ne reſta à l'épouſe d'autre parti que de s'éloigner : c'étoit ce qu'on deſiroit.

La Dame Hatte quitta donc la maiſon nuptiale le 23 Déc. 1718, accompagnée de M. de Latteignant, ſon beau-frere *, qui l'y avoit lui-même excitée, & chez lequel elle ſe refugia. Elle forma auſſi-tôt ſa demande en ſépa-ration

ration de corps. A peine fut-elle fortie, que fa parente, qui l'avoit expulfée, alla s'établir avec fcandale chez le Sr Hatte. Cette ennemie habita ainfi deux ans de fuite la maifon du fieur Hatte, dont elle faifoit les honneurs. Elle prit après ce long intervalle un appartement féparé, ce qui revenoit au même, puifque le fieur Hatte y paffoit fa vie. La mort feule a pu rompre ces chaînes funeftes. Le fieur Hatte a été, tant qu'il a vécu, le jouet de celle qui l'avoit ainfi captivé & aveuglé en 1716.

Cet expofé eft-il vrai? 1°. Quant aux outrages & aux traits d'inhumanité que la Dame Hatte avoit effuyés fans ceffe dans le cours des années 1717 & 1718, ils font conftatés par l'enquête que la Dame Hatte fit faire en conféquence de fa demande en féparation de corps. Une foule de témoins irréprochables dépofe dans cette enquête que le fieur Hatte alla jufqu'à laiffer fa femme *fans meubles*, ayant fait démeubler la chambre qu'elle occupoit; *fans domeftiques*, ayant congédié ceux qui étoient à fon fervice; *fans alimens*, ayant défendu de lui en fournir aucuns; enforte qu'une Dame de Mianne, qui logeoit dans la même maifon, étoit obligée d'envoyer à la Dame Hatte de quoi vivre, & de la faire fervir par fes gens. M. de Latteignant attefte entre autres chofes dans cette même enquête, que le fieur Hatte a donné en fa préfence à la Dame Hatte *un coup à poing fermé dans la temple, dont elle eft tombée à la renverfe* (1).

______

(1) Mefdames de Vauvray & de Vieuxmaifons ont fait plaider qu'avant l'époque de la féparation, la Dame Hatte avoit porté la violence jufqu'à *s'armer d'une buche pour affommer le pere de fon mari*. C'eft la plus odieufe calomnie. La feule preuve qu'on ait prétendu rapporter de ce fait, eft une plainte rendue par le fieur Hatte à l'inf-

2°. Quant à la parente, quant au fait avancé par la Dame Hatte que ce fut cette parente qui caufa les févices & le divorce, les preuves ne feront pas fufpeétes. Elles font émanées de Madame de Vauvray elle-même ; c'eft fon témoignage que la Dame Hatte va invoquer. Celui de deux autres perfonnes de la famille y donnera encore par la fuite une nouvelle force.

Madame de Vauvray écrit à fa mere du Couvent de Chaillot le 16 Novembre 1730 : « J'ai reçu, chere » maman, votre réponfe. Vous exprimer la peine & la » joie dont je fuis faifie, c'eft ce que je ne puis : la joie » de recevoir de vos cheres nouvelles, & la peine de » vous avoir fçu malade. Que je verfe de larmes de » votre abfence ! Qu'elle eft cruelle pour moi ! Oui, » chere maman, je vous adore, & n'ai d'autre plaifir » que de penfer que je vous pofféderai dans la fuite. » Que je m'eftime malheureufe de ne l'avoir pas tou- » jours fait ! Je ne connoiffois pas le prix d'un fi riche » tréfor. QUE J'EN VEUX A CELLE QUI ÉTOIT CAUSE » DE L'IGNORANCE OU J'ÉTOIS ! *Mais il faut ménager* » *les expreffions, il en coûte trop à mon cœur : cet article* » *eft trop touchant & trop attendriffant pour moi* ».

Elle écrit à fa mere le 3 Août 1759, pendant la maladie dont le fieur Hatte pere eft décédé. Elle nomme la parente dont il s'agit, & elle dit, en parlant de cette parente : « Nous touchons à des époques, ma » mere, *qui vont démafquer des intentions criminelles,* » CONCENTRÉES DEPUIS LONG-TEMS DANS UN CŒUR » COUPABLE, ET FAIT POUR NOUS PORTER A TOUS LE

tigation de la parente. Mais cette plainte ne fut point fuivie d'information ni d'enquête. Le fait n'eft donc nullement conftaté. Mille témoins dépoferoient d'ailleurs de l'amitié intime qui regna toujours entre la Dame Hatte & fon beau-pere.

»POIGNARD. Ses jours font filés par l'iniquité. Chaque
»jour croît fon empire & la haine de mon pere. Je de-
»fire vivre, *& terraffer un monftre que je fuis décidée à*
»*pourfuivre.* Tout parlera & militera contr'elle ; c'eft
»aujourd'hui à moi à veiller, A VOUS DÉFENDRE, ET
»A METTRE LE MONSTRE A VOS PIEDS. Mais qu'efpérer?
»L'endurciffement eft à fon comble, ainfi que le pou-
»voir de l'Argus qui veille, & s'eft rendu une fentinelle
»qui exclut l'entrée à tout ce qui doit l'avoir ».

Dans le même tems elle écrit à fon pere lui-même ;
elle n'héfite pas de lui nommer cette proche parente
de fa mere, & elle pourfuit ainfi : « *Je fçais qu'elle a*
»*confeffé le trouble qu'elle portoit dans votre famille,*
»*dans une amende honorable faite en recevant fes Sa-*
»*cremens à l'article de la mort, en préfence de fon mari*
»*& de M. de Ravannes, qu'elle fupplia de regagner ma*
»*mere,* DONT LE SORT NOUS EST UN CRI, DONT NOUS
»NE POUVONS QUE GÉMIR DANS LE SILENCE VIS-A-
»VIS DE VOUS, MAIS QUE NOUS POUVONS ÉLEVER
»CONTRE CE QUE NOUS EN POUVONS VOIR L'AUTEUR.
»Cette époque a date *de mon enfance,* qui m'en a
»néanmoins laiffé les traces & l'impreffion, & qui en
»a laiffé de plus fortes dans fon mari, puifqu'elles
»l'ont conduit à s'en féparer, & à fe retirer à Saint
»Victor, parti dans lequel il a perféveré jufqu'à fa
»mort. Elle eft *le plaftron du cri public & des clameurs*
»*de toute la famille.* Si fon crédit a fait conftamment
»*le malheur de votre famille toute votre vie,* elle en doit
»craindre les derniers inftans, & nous en devons ef-
»pérer. Ils font faits pour offrir les objets fous leurs
»vraies nuances, lui arracher le mafque, & le faire

B ij

» tomber à vos pieds ; vous faire démêler enfin si c'est
» bien son attachement pour vous qui la guide , ou *des*
» *vues basses , mercenaires & iniques.* Cette lettre, mon
» pere , est l'acquit de ma conscience ; je vous la devois,
» & à moi-même. Si elle ne peut avoir son impression ,
» je l'aurai du moins tenté ».

Ces lettres de Madame de Vauvray sont-elles équivoques ? L'empire de la parente , qui a commencé *dès*
l'enfance de Madame de Vauvray , qui a causé le triste
sort de sa mere , qui a accompagné le Sr Hatte jusqu'au
tombeau , est-il une fable , une calomnie imaginée
pour la Cause ?

Rien au surplus n'a été si notoire. Tout le monde
a vu cette parente de l'épouse suivre par - tout le mari ,
à la ville , à la campagne , & jusques dans ses tournées
de Fermier Général. Tout le monde sçait d'où pro-
viennent les 80000 liv. de rente dont elle jouit ; ç'a
été le résultat de ces *vues basses , mercenaires & iniques*
que Madame de Vauvray lui reproche.

De quoi pourra-t-on douter après cette démonstra-
tion ? Si la haine est plus forte à mesure que les liens
du sang sont plus étroits , si la conduite la plus odieuse
dans le principe a dû continuer de l'être dans les con-
séquences , si le même intérêt qui fit proscrire l'épouse,
a dû dicter les plus horribles manœuvres pour empê-
cher son retour, que faut-il encore à l'homme sensé
pour tout admettre & pour tout croire ?

(II.)
Intelligence des époux lors de la conception en 1719.

Perdons de vue un instant celle qui sépare ainsi les
époux. L'intelligence se rétablit entr'eux environ un
an après la demande en séparation de corps. Les plus
doux momens & les plus douces espérances ont séché

les larmes de l'époufe : momens trop rapides ! trop fragiles efpérances ! Tant que refpirera la cruelle ennemie
de la femme & du mari lui-même , les réconciliations
auront toujours le même fort.

La féparation de corps intentée par la Dame Hatte
étoit, comme on l'a vu, abfolument inconteftable ; la
preuve des mauvais traitemens étoit complette , l'enquête faifoit le Jugement, la condamnation du mari
étoit inévitable.

Pour prévenir cette condamnation, le fieur Hatte fit
agir auprès de fa femme les perfonnes de la famille qui
avoient le plus de crédit fur fon efprit. Il lui fit repréfenter l'éclat toujours fâcheux d'un divorce prononcé
folemnellement, la fit affurer de fes difpofitions à un
retour fincere, lui fit offrir des fecours actuels dont elle
avoit le plus grand befoin , lui faifant dire en même
tems que fi elle s'obftinoit fur la féparation de corps, elle
ne devoit jamais rien attendre ni de fa tendreffe ni de
fa générofité. Il lui fit ajouter que fi elle vouloit fe réduire à une fimple *féparation de biens*, il s'y prêteroit
volontiers, & fe chargeroit même de la faire ordonner
de concert avec elle.

Après avoir réfifté quelque tems à ces propofitions,
la Dame Hatte y acquiefça , fe flattant qu'un tel procédé pourroit en effet lui rendre un mari qu'elle regrettoit, & réflechiffant d'ailleurs que la féparation de biens
lui procureroit également la jouiffance de fes revenus.

Il y eut donc, le 26 Août 1719 , une demande en
féparation de biens, formée à la requête de la Dame
Hatte , qui renonça par conféquent à la féparation de
corps. Six femaines après (le 8 Octobre 1719) il y eut

une Sentence contradictoire au Châtelet, qui prononça la féparation de biens. Le fieur Hatte voulant avoir un Arrêt afin de refter maître irrévocablement de la communauté, interjetta appel, & cet appel fut relevé par le fieur Hatte au mois de *Novembre* de la même année 1719.

Dès l'inftant que la Dame Hatte avoit confenti à former la demande en féparation de biens, fon mari étoit venu tomber à fes genoux, plein de repentir & de tendreffe. Quelles marques de fenfibilité ne donna-t-il pas à l'abandon qu'elle vouloit bien faire d'une féparation de corps évidemment infaillible ! par quels fermens & par quelles preuves d'amour ne fit-il pas efpérer qu'il briferoit pour jamais avec celle qui l'avoit féduit ! Ce fut au milieu de ces tranfports que fut conçu le fieur Hatte fils en *Novembre* 1719 ; ce devoit être le titre d'une éternelle réunion : ce fut bientôt l'occafion de maux plus cruels que les précédens.

Il exifte encore des témoins des vifites fréquentes & habituelles que le fieur Hatte faifoit alors à fa femme dans la rue du Figuier où elle demeuroit ; & ces vifites font partie des faits dont le fieur Hatte fils offre la preuve. Mais ne font-elles donc pas fuffifamment prouvées dès à préfent par le concert qui regne entre les époux ? Il n'eft pas plus poffible de nier ce concert, que ce qui eft relatif à la parente. Pourquoi la Dame Hatte renonce-t-elle à une féparation de corps, dont le fuccès étoit fi indubitable ? Pourquoi la féparation de biens, qui eût été de nature à exiger la difcuffion la plus férieufe & la plus longue, eft-elle jugée au Châ-

telet en fix femaines ? Il y avoit fi peu d'ouverture à la
féparation de biens, que la Sentence du Châtelet qui
l'avoit prononcée, fut infirmée quelques mois après fur
la réquifition de la Dame Hatte , ainfi qu'on le verra
dans un inftant. La dot de la Dame Hatte étoit entiere ;
le fieur Hatte étoit de tous les hommes celui qu'on
pouvoit le moins accufer de diffipation.

Indépendamment de ces circonftances qui ne laiffent
aucun doute fur le concert, il y en a une preuve fans
réplique, confignée dans le Mémoire même qui fut imprimé pour le fieur Hatte en 1750 * lors du Procès de
la communauté que tout le monde fe rappelle encore.
La Dame Hatte foutenoit entr'autres chofes dans ce
Procès, que *la procédure en féparation de biens faite en
1719*, c'eft à-dire, la procédure même dont il s'agit,
qui dura depuis le mois d'Août jufqu'aux mois de Novembre & Décembre 1719, *avoit été faite de concert.*
Elle en donnoit pour preuves d'abord les circonftance,
qu'on vient de relever, & enfuite le fait certain que
toute cette procédure avoit été faite tant fous fon nom
qu'au nom de fon mari par le même Procureur qui étoit
feu Me Bafly. On lui objectoit que c'étoit Me Formé
qui avoit occupé pour elle dans cette procédure de 1719.
Elle répondiot qu'elle n'avoit jamais connu Me Formé,
& que s'il paroiffoit avoir occupé pour elle, c'étoit parce
Me Bafly, Procureur de fon mari, avoit agi fous le nom
de ce Confrere, comme il eft d'ufage en pareil cas. Le
fait fut bientôt éclairci par la repréfentation que Me
Formé fit de fon pouvoir ; & voici ce qu'on lit à ce fujet
dans le Mémoire du fieur Hatte, page 26. *On objecte
que Me Formé, qui occupa pour la Dame Hatte tant*

* Mémoire
figné de Me
Gueau de Re-
verfeaux.

qu'elle foutint le bien jugé de la Sentence (du 8 Octobre 1719), *n'avoit d'autre pouvoir que celui que lui avoit donné Me Bafly, Procureur du fieur Hatte; c'eft un fait dont le fieur Hatte n'avoit aucune connoiffance* *, *mais il eft devenu conftant par la remife que M Formé a fait de fon pouvoir entre les mains de M. l'Avocat-Général.* Ce fait, continue le Mémoire, *eft fort indifférent, il prouve que Me Bafly* AVOIT LA CONFIANCE DE LA FEMME EN MÊME TEMS QUE CELLE DU MARI, *ce qui fe voit dans la plupart des féparations.*

Le concert pouvoit-il être plus invinciblement prouvé, plus difertement avoué?

Les époux ne demeuroient point enfemble au tems de la conception : circonftance qui toucheroit peu le Juge, puifque la féparation de fait entre deux perfonnes domiciliées dans la même Ville, ne produit certainement point d'impoffibilité ni phyfique ni même morale. Mais quelqu'un en fera-t-il touché comme homme, lorfqu'il eft conftant que les époux étoient d'intelligence? Non-feulement le fieur Hatte fils eft né pendant le mariage, & fans qu'il y eût aucun obftacle à la co-habitation, mais il eft né dans un tems où les époux agiffoient de concert, où leurs efprits & leurs cœurs s'étoient rapprochés, où enfin rien n'étoit fi fort dans l'ordre naturel des chofes que la conception la plus légitime. Eft-il donc un homme raifonnable qui voulût, dans de telles conjonctures, prononcer l'illégitimité?

Un événement pour lequel il ne devroit point être de ténèbres affez épaiffes, plonge bientôt la Dame Hatte dans l'abyme le plus profond.

Au

* On peut juger de la bonne foi de cette affertion.

(III.)
Rupture fubite au mois de Janvier 1720. Néceffité où fe trouve la Dame Hatte de cacher l'état de fon fils.

Au commencement de Janvier 1720, deux mois ou environ après la conception, la difcorde eft à fon comble. La D^e Hatte, qui dans tous le cours des mois d'Août, Septembre, Octobre & *Novembre* 1719, avoit travaillé à la féparation de biens, de concert avec fon mari, revient tout à coup fur fes pas. Elle obtient, le 13 Janvier 1720, des Lettres de refcifion contre tous les actes de procédure qu'elle a faits, & fpécialement contre fa renonciation à la communauté. Elle expofe dans ces Lettres de refcifion *que fon mari l'a excitée par de mauvais confeils (& par d'autres motifs qu'elle veut taire) à provoquer la féparation de biens.* Elle demande, fur l'appel que fon mari avoit porté en la Cour, que la Sentence qui a prononcé la féparation de biens foit anéantie, & qu'il foit ordonné que la communauté fubfiftera comme auparavant. Elle le fait ainfi juger par arrêt du 6 Février 1720.

D'où a pu provenir une rupture fi fubite & fi extraordinaire? comment les époux, après cinq mois d'intelligence, font-ils ainfi divifés, fans qu'aucun fait extérieur indique la caufe de la divifion ? La caufe étoit fimple. L'indignation avoit infpiré à la Dame Hatte ce parti qu'on lui voit prendre inopinément d'attaquer la féparation de biens qu'elle avoit provoquée elle-même en déférant aux follicitations de fon mari. Elle venoit d'effuyer le plus terrible affaut, l'outrage le plus fanglant pour une époufe, le revers le plus accablant pour une mere.

Son ennemie avoit été inftruite & des vifites du mari, & de ce qui en avoit réfulté. Quel fatal poifon n'avoit-elle pas verfé dans le cœur de ce mari ! A la

C

veille d'être expulsée à son tour par l'effet naturel d'une grossesse qui alloit rappeller l'époux à tous ses devoirs, & l'épouse à tous ses droits, elle avoit vu l'importance de jetter entr'eux un germe perpétuel d'éloignement & de dissention ; elle l'avoit entrepris, elle y avoit réussi.

Le sieur Hatte écoute, commence à croire, & croit enfin. Cette ennemie artificieuse connoît le foible de l'homme qu'elle assassine en le flattant. Par quelles fausses couleurs préparées avec réflexion & présentées avec adresse, par quels détours, par quels prestiges, par quelles manœuvres en un mot parvint-elle à persuader au sieur Hatte que les carresses qu'il avoit reçues n'avoient été que des rufes, & que la grossesse avoit précédé ? Elle y parvint, c'est tout ce que la Dame Hatte en a sçu.

Plein de cette calomnie & de sa fureur, le sieur Hatte ne parle plus qu'une fois à sa femme. Il lui parle pour la menacer, pour menacer le fruit de leur union, pour déclarer *que la mere & l'enfant périront si jamais il apprend que l'enfant paroisse comme le sien.*

S'éleveroit-on contre de tels faits? Quelqu'un connoîtroit-il assez peu le délire des passions, les ravages de la séduction & de l'obsession pour regarder cet événement comme impossible ? Tout se réduit à savoir si un mari qui a fréquenté sa femme, peut se figurer injustement que l'enfant qu'elle porte dans son sein lui est étranger : & seroit-ce donc un problème ?

On n'ignore pas que de toutes les passions qui troublent la raison humaine, la jalousie est la plus bisarre, la plus aveugle & la plus violente. Que le mari qui en est frappé n'est occupé qu'à se tromper lui-même par les plus frivoles calculs & les plus fauſſes combinaiſons : trop ingénieux à trouver des preuves toujours concluantes à ſon gré, d'une infidélité chimérique. N'eſt-ce donc pas là le caractere de la jalouſie ? Ne conſiſte-t-il pas préciſément dans cette crédulité inſenſée qui fait prendre ſans ceſſe l'ombre pour la réalité ? Que la moindre circonſtance propre à favoriſer l'illuſion vienne s'offrir à ce mari naturellement enclin à ſoupçonner & à croire, manquera-t-il de déteſter & de pourſuivre celui qui lui doit la vie ? Eh ! que ſera-ce donc s'il eſt ſéduit encore par une ennemie domeſtique, dépoſitaire de ſa confiance la plus intime, intéreſſée à le livrer à l'erreur & à l'y entretenir !

Traiter d'inconvénient idéal & imaginaire ce qui vient d'être dévoilé, ce ſeroit nier une idée premiere, qui dans tous les ſiecles & chez toutes les nations fut toujours poſée pour inconteſtable. Qu'on ouvre les loix, qu'on écoute le Miniſtere public, qu'on interroge la Juriſprudence : la poſſibilité du ſacrifice d'un enfant né du mari & de l'épouſe, fut-elle jamais révoquée en doute ?

Une loi Romaine ſuppoſe qu'une femme, *pour ſe venger de ſon mari qui l'a répudiée étant groſſe*, eſt allée, après la naiſſance de ſon enfant, déclarer dans les regiſtres publics, que cet enfant n'eſt point de ſon mari ; l'enfant ne ſera pas moins légitime, dit cette loi, & une déclaration que la colere a dictée à ſa mere ne pourra lui nuire (1). Il peut donc arriver qu'une mere, en qui

(1) *Mulier gravida repudiata, filium enixa, abſente marito ut ſpurium in actis profeſſa eſt. Non oberit profeſſio à matre iratâ facta.* L. 29, ff. de probationib.

l'affection du fang eft fi vive & fi tendre, fe porte, par efprit de vengeance, à donner pour illégitime un enfant qui ne l'eft point. C'eft la loi qui l'établit elle-même, ce font ces Jurifconfultes Romains, ces légiflateurs du premier peuple de la terre, ces grands hommes qui fcruterent fi à fond le cœur humain. Et il ne pourra pas arriver qu'un pere tranfporté de jaloufie, échauffé de plus en plus par l'obfeffion, s'arme contre celui à qui il a donné l'être, une fois prévenu, une fois perfuadé qu'un autre a été le pere !

La loi plus fameufe, qui veut que le mari foit toujours réputé le pere toutes les fois qu'il n'a pas été impoffible qu'il le fût, fans que ni la clandeftinité ni aucune autre conjecture quelconque puiffe porter atteinte à l'état de l'enfant né pendant le mariage, a-t-elle un autre fondement ? Ne part-elle pas évidemment du principe, que les paffions peuvent aveugler les peres & meres au point de leur faire profcrire un enfant véritablement iffu de leurs approches ?

Les égaremens de l'homme, difoit M. Gilbert dans la Caufe de la Demoifelle de Choifeul *, *font impénétrables : les replis de fon cœur font obfcurs ; on a vu des peres barbares fouftraire l'état de leurs enfans : auffi n'eft-il pas fans exemple que ces enfans aient réuffi dans leurs réclamations.*

Quand la Cour a déclaré légitimes la Demoifelle de Choifeul, la Demoifelle Ferrand, & tant d'autres enfans qui avoient contr'eux les plus violens foupçons, qui n'avoient pour eux aucune forte de probabilités ; quand elle a prononcé en faveur de la Demoifelle Ferrand, malgré *le défaveu formel & authentique du pere* à

* *Voyez* fon plaidoyer imprimé dans les caufes célébres, t. 6, p. 490.

l'inftant de la naiffance, a-t-elle méconnu le principe , & a-t-elle pu avoir une autre raifon de décider?

Quels feroient donc ces efprits, plus pénétrans que les loix, que toute l'antiquité, que l'augufte Tribunal auquel la réclamation eft foumife, qui prétendroient s'y refufer aujourd'hui? Qu'ils expliquent, s'ils le peuvent, le méchanifme & le progrès des paffions, qu'ils fixent les bornes de leur empire, qu'ils déterminent jufqu'où il peut s'étendre. Les crimes les plus incroyables étonnent tous les jours la fociété : & l'on héfiteroit à croire ce qui, fous un certain point de vue, n'eft pas même un crime, puifque c'eft l'effet d'un aveuglement dont le jaloux n'eft pas le maître, en quelque forte, de fe garantir !

Le fieur Hatte avoit prouvé en 1717 & en 1718 jufqu'où il pouvoit porter la fureur & l'inhumanité, excité par l'ennemie qui régloit toutes fes penfées & toutes fes actions. La Dame Hatte ne vit donc d'autre maniere de mettre en fureté les jours de l'enfant, que de tenir fon état fecret. On lui en avoit fait une loi cruelle. Elle prend l'unique parti qui puiffe fouftraire fon fils au danger qui l'environne, en le faifant paffer pour fils des Sieur & Dame Corrigé, en diffimulant fon vrai nom & fa véritable filiation.

Ce n'étoit point affez pour ce malheureux fils d'avoir été menacé par fon pere & condamné à l'obfcurité avant que de naître. Il eft attaqué auffitôt fa naiffance ; fon état eft fupprimé, tandis que fa mere, réparant fes forces épuifées, fe repofe fur une Garde infidele du foin de le faire baptifer.

(IV).
Etat du fieur Hatte fils fupprimé. Faux acte de baptême annoncé comme étant le fien. Nom de Rougemont emprunté pour l'entrée au Service.

Les réflexions s'offriront d'elles-mêmes dans un inftant, pour juftifier pleinement l'expofé de la Dame
Hatte en cette partie.

Avant d'accoucher elle avoit chargé la nommée *Du-*
but fa Garde, à qui elle avoit fait part de fa fituation
avec le fieur Hatte fon mari, & de fes alarmes, de porter l'enfant au baptême, & de prendre toutes les mefures poffibles pour que la cérémonie fe fît fecrete-
ment.

L'enfant étant né dans le village de la Chapelle, le
baptême auroit dû naturellement fe faire dans l'Eglife
de ce lieu : le contraire ne fe préfentoit pas à l'efprit.

Dans la fuite la Dame Hatte ayant voulu avoir l'extrait baptiftaire de fon fils, que découvrit-elle ? Le fieur
Corrigé, Chirurgien, qui avoit faigné la Dame Hatte
dans fa groffeffe, & étoit devenu fon confident, fait
chercher en vain l'acte de baptême fur les regiftres de
l'Eglife de la Chapelle. On eft obligé de recourir à la
Dubut. Elle déclare qu'elle a fait baptifer l'enfant à
Paris dans l'Eglife de faint Euftache fous le nom de
Rougemont, & elle donne pour excufe l'ordre qu'elle
avoit reçu de tenir le baptême fecret. On fe rend à
faint Euftache, & l'on y trouve effectivement un acte
de baptême fous le nom de *Rougemont*, daté du 17
Août 1720, jour de la naiffance du fieur Hatte fils.

Ce que la *Dubut* difoit de fon motif étoit trop in-
vraifemblable pour faire prendre le change. Le com-
plot formé entr'elle & les ennemis de l'enfant, n'é-
toit que trop évident. Il étoit clair ou que le fieur
Hatte fils n'avoit point été baptifé, ou qu'il l'avoit été
fous des noms faux & fuppofés ; il étoit clair en un

mot que ſon état avoit été ſupprimé : mais il ne reſtoit qu'à gémir de ce nouveau malheur, ſans oſer même remonter juſqu'à la ſource.

Pour reconnoître la vérité, il ne s'agit que de peſer les circonſtances. Rien ne prouvera jamais que cet acte de baptême ſous le nom de *Rougemont* ſoit celui du ſieur Hatte fils, puiſqu'il n'a porté ce nom de *Rougemont* qu'à compter de 1738, ayant porté auparavant pendant dix-huit ans de ſuite les noms de *Marie-Joſeph-Jean-Baptiſte Corrigé de la Riviere*. Suppoſons cependant que cet acte de baptême ait été le ſien, comme le déclara la *Dubut* : pourra-t-on raiſonnablement admettre que la Dame Hatte y ait eu la moindre part ?

En premier lieu, ſi cet acte de baptême eût été ſon ouvrage, quel motif pour faire baptiſer l'enfant ailleurs que dans l'Egliſe du lieu de la Chapelle où elle étoit accouchée ? En le faiſant baptiſer ſous des noms étrangers, elle n'avoit à craindre ni la colere de ſon mari, ni les regards du Public. Le baptême auroit donc été fait tout ſimplement dans le lieu de la naiſſance.

En ſecond lieu, quelle eſt la teneur de cet acte de baptême ? Ce n'eſt pas un acte où l'on ne donne à l'enfant aucun état, où l'enfant ſoit annoncé comme n'en ayant aucun, comme un enfant naturel ; c'eſt un acte où l'enfant eſt donné pour fils légitime de deux perſonnes mariées, pour fils *d'Etienne de Rougemont, Officier, & de Jeanne Morel ſa femme*.

Cela poſé, ſi la Dame Hatte eût influé pour quelque choſe dans cet acte de baptême, il ſeroit évident qu'elle auroit voulu donner à ſon fils l'état d'enfant légi-

time des Sieur & Dame de Rougemont, deux perfon-
nages imaginaires qui n'exifterent jamais, & qui dans
l'acte font préfentés comme exiftans.

Mais cette idée peut-elle fe concilier avec la conduite
que l'on voit tenir à cette mere, depuis le moment de la
naiffance de fon fils jufqu'à celui où ce fils va entrer au
fervice en 1738?

La Dame Hatte veut fi peu faire paffer fon fils pour
enfant des Sieur & Dame de Rougemont, qu'elle le
fait paffer dès le principe & pendant dix-huit ans confé-
cutifs pour fils des Sieur & Dame Corrigé, *Marie-
Jofeph-Jean-Baptifte Corrigé de la Riviere*. La preuve
en a été adminiftrée par Mefdames de Vauvray & de
Vieuxmaifons elles-mêmes ; elles ont rapporté elles-
mêmes les infcriptions de logique & de phyfique où le
Réclamant eft ainfi qualifié.

Il n'y aura jamais de réponfe à cette circonftance.
Que la Dame Hatte ait fait faire l'acte de baptême fous
le nom de Rougemont pour procurer à fon fils le titre
d'enfant légitime des Sieur & Dame de Rougemont, &
que néanmoins dans le principe & pendant dix-huit
ans de fuite elle ait donné ce fils pour *enfant des Sieur
& Dame Corrigé ;* c'eft une idée qui implique contradiction, ce fera toujours un phénomene abfolument
inexplicable.

On emprunte à la vérité en 1738 le nom de *Rougemont* inferé dans cet acte de baptême : on fait prendre
alors au fieur Hatte fils ce nom de *Rougemont :* mais on
y eft forcé par les conjonctures. La Dame Hatte avoit les
plus forts motifs pour ne point donner encore à fon fils

fon

fon vrai nom , comme on va le voir. Ce fils cependant ne pouvoit fe foutenir au fervice fans être à portée de juftifier d'un état ; & l'événement le prouva bientôt , puifqu'il fallut envoyer au fieur Hatte fils l'extrait bap-tiftaire de *Rougemont*, qui fut montré , pour calmer le Corps, au fieur de Guers, alors Major du Régiment d'Aunis.

Qu'avoit à craindre la Dame Hatte de ce nouveau déguifement devenu indifpenfable? La poffeffion d'un état tout contraire qui avoit fubfifté dix-huit ans, étoit un fûr préfervatif; cette poffeffion renverfoit d'avance le nom de *Rougemont*, comme elle alloit être renverfée elle-même par ce nom dont on fe fervoit. Un des plus forts commencemens de preuves qui s'élevent aujour-d'hui en faveur du Réclamant fe tire précifément de ces deux états contradictoires, qui fe détruifant tour à tour, démontrent fi fupérieurement la fuppreffion du véritable état.

Il refte, pour terminer cette premiere Partie, à ren-dre compte des raifons qui arrêtent fi long-tems la Dame Hatte, qui l'empêchent de s'adreffer à la Juftice pour faire reconnoître fon fils, qui l'empêchent jufqu'en 1757 de réveler à ce fils lui-même le plus important des fecrets.

(V.)
Long filence de la Dame Hatte.

L'état eft imprefcriptible; l'ignoroit-elle? Elle en avoit fous les yeux un exemple bien célebre dans la ré-clamation de la Demoifelle Ferrand, qui fut admife après 49 ans entiers de filence & d'obfcurité.

Dans cette pofition, un premier motif n'eût-il pas fuffi pour retenir une mere? Un fils a le malheur d'être défavoué par fon pere : l'averfion, la colere agitent l'ame de ce pere aveugle; que deviendra ce fils fi, ofant provoquer l'auteur de fa vie à la face de toute la terre, il engage avec lui une difcuffion dont l'humanité frémit ? Qui contiendra la main de ce pere, irrité avant même qu'il fût attaqué ? Qui l'empêchera de fruftrer celui que la Juftice va lui donner malgré lui pour héritier ? Qui fermera ces voies détournées & obliques par lefquelles un pere peut enlever à fon fils la légitime même, fans que la loi puiffe y apporter de remede ?

Mais un fecond motif, tout autrement important, déterminoit principalement la Dᵉ Hatte à fufpendre; elle efpera toujours, elle fut toujours fondée à efperer pour fon fils une reconnoiffance volontaire. Outre qu'elle étoit innocente, outre que fon mari n'étoit que féduit, ce mari étoit revenu cent fois à elle, cent fois il avoit voulu fe réunir à fon époufe, cent fois il lui avoit juré qu'il reconnoîtroit fon fils.

Les promeffes de reconnoître font-elles prouvées ? Il ne feroit pas furprenant fans doute qu'un tel fait, qui s'eft paffé de la femme au mari, fût dépourvu de preuve. Mais, 1°. Mefdames de Vauvray & de Vieuxmaifons en ont trouvé une elles-mêmes entre les mains du Curé de la Madeleine, Confeffeur de leur pere. Elles y ont trouvé une lettre de leur mere à ce Confeffeur, datée du 24 Décembre 1759, & qui, par les circonftances, eft à l'abri de tout foupçon. *M. Hatte*, porte cette lettre, *m'avoit promis dans tous les tems qu'il auroit rendu juftice à fon fils de fon vivant, fi je voulois le laiffer maître du moment.* La Dame Hatte fe propofoit-elle, en écrivant de la forte fix femaines après le décès de fon mari, à celui qui avoit fondé les replis les plus intimes de la confcience de ce mari, de préparer de loin des armes à fon fils? Il eft impoffible de le fuppofer, puifque cette lettre n'a paru & n'a été connue dans la Caufe que par le fait de Mefdames de Vauvray & de Vieuxmaifons. La Dame Hatte, en parlant ainfi au Curé de la Madeleine en 1759, étoit tellement dans la bonne foi, que quand la Caufe fe plaide en 1765 elle ne penfe pas même à fa lettre ; ce font fes filles qui ont appris à la Juftice qu'il y avoit des lettres de leur mere au Curé de la Madeleine ; le fait s'eft paffé fous les yeux des Magiftrats dans le premier Tribunal ; on n'a fçu l'exiftence de la lettre dont il s'agit ici que par une lettre du Curé à Madame de Vieuxmaifons, où il en étoit fait mention. 2°. S'il eft certain que le fieur Hatte a été toute fa vie difpofé à fe réunir avec fa femme, s'il eft certain que la réunion a été fans ceffe projettée par le mari, commencée, exécutée même en partie, la reconnoiffance du fils n'en étoit-elle pas la fuite naturelle & néceffaire? Indépendamment de ce que la Dame Hatte n'eût point rentré dans la maifon de fon mari fans fon fils, ce mari eût-il pu fe réunir avec fa femme fans la croire innocente, fans fe croire pere de l'enfant dont elle étoit accouchée en 1720, & fans fe hâter de le reconnoître? On ne prétendra pas que le Sr Hatte ignorât la maternité. Il en étoit parfaitement inftruit, de l'aveu de Mefdames de Vauvray & de Vieuxmaifons, puifque, fuivant ce qu'elles ont fait plaider, il y avoit quarante ans, quand il eft mort, qu'il refufoit de reconnoître le Réclamant*. Comment eût-il ignoré d'ailleurs ce que tout le monde favoit, ce qui étoit fi notoire dans

* V. la feconde partie du Mémoire.

28

la famille, ce que l'ennemie de fon époufe eût été fi
intereffée à lui apprendre en fuppofant la maternité
illégitime ? Or, fur la réunion fans ceffe promife &
projettée par le fieur Hatte, voici les faits & voici les
preuves.

On fe renfermera dans cinq époques. Les réconciliations dans chacune de ces époques ont auffi peu de durée
qu'elles avoient annoncé de fincérité. Le mari embraffe
fa femme, lui donne les plus fortes marques d'eftime,
d'attachement, d'amour même : & auffi-tôt il l'aban-
donne : auffi-tôt replongé dans l'obfeffion, il oublie
tous fes defirs empreffés & tous fes fermens. La parente
vit toujours & domine toujours : elle friffonne au nom
du fils comme à celui de la mere ; que fera-t-elle en
effet fi la mere revient, fi le fils eft reconnu ? Où fuira-
t-elle fi le pere eft une fois guéri de la plaie profonde
qu'elle a formée & qu'elle n'a ceffé de r'ouvrir ? Elle tra-
verfe donc fans relâche ces réconciliations qui la mena-
cent : c'eft un fait auffi folidement établi que les réconciliations mêmes.

<table>
<tr><td>Premiere Epo-
que, en 1730.</td><td>En 1730 cette parente eft à l'extrémité. Obligée ,
pour obtenir fes Sacremens, de réparer le fcandale,
elle fupplie le fieur de Ravannes, frere de la Dame</td></tr>
</table>

Hatte, de déterminer celle-ci à une entrevue. La Dame
Hatte prend fur elle de fe rendre chez fon ennemie : &
celle-ci, en préfence du Miniftre des Autels, de fon
propre mari, du fieur de Ravannes, de M. & Madame
de Lattaignant, & du fieur Hatte lui-même, fait à
l'époufe qu'elle a tant offenfée *l'amende honorable* dont
parle Madame de Vauvray dans fa lettre à fon pere.

Le sieur Hatte assure sa femme d'une éternelle fidélité, d'un inviolable attachement. A la veille de faire une tournée il n'attend que la fin de son voyage pour accomplir la réunion : des repas de famille sont même donnés pour la célebrer d'avance.

En conséquence le sieur Hatte, parti pour sa tournée, écrit à sa femme, de Melun le 10 Août 1730 : « *Je vous recommande nos filles, & vous demande pour* »*elles votre amitié : j'espere que vous voudrez bien tra-* »*vailler à leur éducation de concert avec moi :* je souhaite »que votre santé soit aussi bonne que je l'ai laissée à »Choisy. J'ai toujours à cœur la partie de campagne »que vous avez rompue pour moi *. *Quelque plaisir que* »*j'aie eu à vous voir, je me reproche ceux dont vous vous* »*êtes privée pour moi, parce que les vôtres iront toujours* »*avant les miens. Je suis avec autant d'attachement que* »*d'amitié, &c.* »

C'est au sujet de cette réunion convenue que Madame de Vauvray marque à sa mere, du Couvent de Chaillot, le 16 Novembre de l'année 1730, comme on l'a vu : *Oui, chere maman, je n'ai d'autre plaisir que de penser que je vous possederai dans la suite ; que je m'estime malheureuse de ne l'avoir pas toujours fait ! que j'en veux à celle qui en étoit la cause !*

De retour à Paris au mois de Décembre, & ayant retrouvé la parente en santé, le sieur Hatte n'existe plus que pour elle. Il n'a plus pendant trois ans aucune sorte de relations avec sa femme. Madame de Vauvray écrit à sa mere du même Couvent de Chaillot, le 18 Décembre 1730, une autre lettre où elle exprime ainsi son chagrin, son étonnement, son indignation contre

* C'étoit une partie de campagne chez Madame de Latraignant, sœur de la Dame Hatte.

la parente : *Si vous avie{ été témoin , chere maman , de ma situation depuis votre lettre , hélas ! quelle auroit été la vôtre ! Je ne peux revenir que vous n'aye{ pas entendu parler de mon pere : ah ! que ces nouvelles me font tristes & dures pour mon cœur ! il n'y a rien dont je ne sois capable , je vous en avertis ; me tuer sera mon sort si je ne puis vous voir , & il sera moins triste que d'en être privé : vous avoir connue , & me passer de vous , c'est ce qui m'est impossible.* La lettre finit par ces mots : *Je m'en prends à la . . . . . .* (le nom y est en toutes lettres) , *ET JE FRÉMIS DE PENSER A ELLE. Je suis , ma chere maman , en vous adorant , &c.*

Deuxieme Epoque, en 1733.

Le sieur Hatte revient à sa femme en 1733 : la réunion est annoncée de nouveau par des repas de famille : les choses sont au point que *les meubles de la Dame Hatte sont déja chez son mari ;* elle loge en attendant chez Madame la Princesse de Conty qui l'honoroit de ses bontés.

Au moment que la Dame Hatte y pense le moins , elle trouve la porte de son mari fermée pour elle , il n'est plus possible de revoir ce mari.

On venoit de marier Madame de Vauvray sans daigner en prévenir sa mere. Une lettre de la Dame de Vandy, qui étoit femme d'un cousin-germain du sieur Hatte , qui est décédée depuis douze ans , & dont la mémoire est encore en vénération dans la famille , apprend d'où vint la rupture. Cette lettre est écrite à la Dame Hatte, de Reims , au mois d'Août 1733. " Je » vous rends mille graces, Madame, de la nouvelle mar- » que d'amitié que vous m'avez fait le plaisir de me don-

» ner , je puis vous affurer que je la mérite par la tendre
» amitié que j'ai pour vous. *J'ai été furprife au-delà de*
» *ce que je puis vous exprimer lorfque j'ai appris par la*
» *lettre de M. Hatte à mon mari le mariage de Made-*
» *moifelle votre fille ; A MA SURPRISE A SUCCEDÉ*
» *L'INDIGNATION CONTRE LA FURIE D'ENFER QUI*
» *GOUVERNE TOUT CELA. J'avois cru qu'il ne lui étoit*
» *pas poffible de faire plus de mal qu'elle en a fait , mais*
» je vois bien que je me fuis trompée, *ET QUE SES*
» *CRIMES NE SONT PAS ENCORE PORTÉS A LEUR*
» *COMBLE : DIEU QUI EST JUSTE ET QUI VOIT TOUT*
» *LUI RENDRA UN JOUR CE QUE MÉRITENT SES*
» *FORFAITS* ».

La Dame Hatte reçut à la même occafion une
lettre de l'Abbé le Riche , ancien Grand-Vicaire de
Tours, Doyen de Saint Marcel *, coufin germain du
fieur Hatte. Dans cette lettre, datée de Chinon , le 9
Août 1733 , l'Abbé le Riche s'explique en ces termes :
» Voilà donc à quoi ont abouti *toutes ces premieres*
» *prévenances , & même ces careffes. Je ne comprends*
» *point la conduite de M. Hatte ; il pouvoit vous laiffer*
» *comme vous étiez , fans paroître vouloir fe rapprocher*
» *de vous, pour vous infulter un mois après.* Au furplus,
» chere coufine , prenez votre parti. *Vous jouez le beau*
» *rôle dans tout ce qui s'eft paffé.* Si vous n'avez pas fait
» *retirer vos meubles de chez lui*, je vous confeille de les
» retirer. A quoi bon avoir vos meubles dans une mai-
» fon où vous ne devez pas habiter, *ET OU TOUT LE*
» *MONDE SÇAIT QUE VOUS DEVRIEZ HABITER.*

» Si vous m'en croyez, (ajoute ce refpectable pa-
» rent du fieur Hatte) penfez fur le compte de vos

* Frere de M.
de Chevigné ,
Confeiller en
la Cour.

» deux filles en mere tendre. Si elles vous manquent,
» ne vous dépouillez pas pour cela de vos fentimens de
» mere ; il faut plutôt s'en prendre à ceux qui les con-
» duifent , qu'à elles-mêmes ».

Troifieme Epoque, en 1737.

Le mari eft revenu de nouveau à fon épouſe en 1737. Dans le cours d'une feconde tournée, il lui écrit le 27 Juin de cette année ; & après lui avoir rendu compte des démarches qu'il a faites pour fervir quelqu'un , à fa recommandation , il lui dit : *Je commence avec joie notre correfpondance pendant ma tournée , que je me ferai affurément un grand plaifir d'entretenir régulierement. Je fuis , avec l'attachement le plus parfait, &c.*

Rendu à Paris, il eft tellement empreffé de voir fa femme, qu'il court chez elle *incognito*. La Dame Hatte demeuroit alors rue des Saints Peres. Son mari, en entrant dans fon appartement, recommande aux domeftiques de ne laiffer monter perfonne. Mais un de fes coufins germains, (qui exifte, qui mérite le plus grand refpect par fa place, comme par fes mœurs) force les barrieres, & furprend les époux. Le fieur Hatte eft trouvé dans un état de défordre, *qui annonce la familiarité de fes vifites.*

La réunion devoit fuivre fans doute : elle ne fuivit pas cependant. La parente fçut éloigner encore le mari de l'époufe pendant quatre ans de fuite.

Quatrieme Epoque, en 1741.

Avec quelles marques d'eftime, de confiance, de refpect même le fieur Hatte n'écrit-il pas à fa femme en 1741 ? Il étoit indifpofé contre Madame de Vauvray, & la Dame Hatte follicitoit auprès de lui la

grace

grace de fa fille. *Je me fuis difpenfé, marque-t-il à fa femme, de vous dire mes raifons, par ménagement pour vous & pour elle. Croyez, je vous prie, que le parti que j'ai pris étoit néceffaire, tant pour elle que pour toute fa famille, & ne me forcez pas, je vous en conjure, d'y rien changer. C'eft avec une peine infinie que je fens que je ne puis faire ce que vous defirez. Mais y auroit-il trop de préfomption à moi de penfer que je mérite peut-être affez votre eftime & votre confiance pour que vous veuilliez bien approuver les mefures que je fuis forcé de prendre?*

Dans une autre lettre, fur le même fujet : » Quoi-
» que je n'aie pas lieu d'être content de Madame de
» Vauvray, j'ai cependant été très-touché de vous voir
» déterminée par des motifs d'honneur & de religion à
» remplir à fon égard les devoirs de mere ; J'AUROIS
» FORT SOUHAITÉ, ET IL EUT ÉTÉ HEUREUX POUR ELLE
» ET TOUTE LA FAMILLE, QU'ILS EUSSENT PU VOUS
» ENGAGER, SUR-TOUT DANS LA CIRCONSTANCE PRÉ-
» SENTE, A LA RECEVOIR CHEZ VOUS. J'aurois compté
» que vous y auriez *dirigé fa conduite*, fur les principes
» qui vous ramenent à elle ».

Qui eût penfé que le fieur Hatte, eftimant & ho-
norant fa femme jufqu'à ce point, jufqu'à defirer fi
ardemment qu'elle prenne chez elle Madame de Vauvray, pour diriger fa conduite, n'eût pas exécuté enfin
la réunion tant de fois promife & commencée ?

En 1746 les liaifons ont repris leur cours. L'attachement du mari pour fa femme paroît fans bornes. *Cinquieme E-*
On en peut juger par ce qu'il lui écrit à l'occafion d'une *poque, en 1746.*
révolution qu'elle venoit d'effuyer, caufée par l'imper-

tinence d'un domeſtique : » Ce qui me fâche le plus
» de cette impertinence, qui par elle-même ne mérite
» que du mépris, c'eſt le faiſiſſement qu'elle vous a
» cauſé. Dans l'état où vous êtes, il peut vous être très-
» dangereux, & *j'en ſuis très-alarmé. Je vous demande*
» *en grace de vous calmer. Tranquilliſeᵹ-vous, je vous en*
» *prie, & ne vous expoſeᵹ point, pour l'inſolence d'un*
» *valet, à retomber dans l'oppreſſion & l'étouffement,*
» *dont à peine vous êtes rétablie* * : C'EST L'INTÉREST DE
» VOTRE SANTÉ, ET PAR CONSÉQUENT CELUI QUI ME
» TOUCHE LE PLUS ».

Il en fut de ces heureuſes diſpoſitions, de ces nouvelles proteſtations du ſieur Hatte, comme de toutes
celles qui avoient précédé : l'empire, le funeſte empire
de la parente eut toujours le deſſus. Ce qui étoit arrivé
en 1730 & en 1733, (on l'a vu par les lettres de Madame de Vauvray, de la Dame de Vandy, & de l'Abbé
le Riche, qui imputent tout à cette parente) arriva en
1737, 1741, 1746, & dans beaucoup d'autres époques. Le ſieur Hatte fut toujours diſpoſé à ſe réunir,
& toujours ſubjugué par celle qui avoit intérêt d'empêcher la réunion ; toujours entraîné par *l'Argus qui*
veille, dit Madame de Vauvray, *& qui exclut l'entrée*
à tout ce qui doit l'avoir.

Telle a été la vie de la Dame Hatte ; tels ont été ſes
jours, partagés ſans ceſſe par les alarmes & les eſpé-
rances. Plus elle étoit ſûre de ſon innocence, moins
elle pouvoit penſer que ſon mari n'ouvriroit pas à la fin
les yeux entierement. Cent fois elle avoit vu le moment d'un retour abſolu, le moment d'un triomphe,
qui ſeul eût pu remplir ſes vœux, en rendant à ſon

* La Dame Hatte avoit eu quelque tems auparavant une attaque de gou- te à la poitrine.

fils , avec fon état, les entrailles d'un pere : préfent auffi cher que l'état même.

Voilà le motif, le principal motif du filence de la Dame Hatte. Et quelqu'un lui reprocheroit d'avoir différé ! d'avoir attendu une reconnoiffance volontaire, mille fois préférable , & pour elle & pour fon fils, à celle qu'ils demandent aujourd'hui à la Juftice ! d'avoir tenu fon fils jufqu'en 1757 dans l'incertitude fur fon état ! Ce fils n'eût pas manqué de le compromettre auffi-tôt, & de faire échouer , par trop de précipitation , le plus doux efpoir de fa mere.

Qu'on s'arrête un moment fur l'enfemble des faits qui viennent d'être préfentés. Qu'on en faififfe l'enchaînement & les rapports intimes. Qu'on réfléchiffe fur les différentes preuves , fur les différens indices qui les foutiennent. Si la Dame Hatte eft coupable , fi elle en impofe, quand elle attefte à la Juftice qu'elle a conçu dans les bras de fon mari , comment déja tant de circonftances s'élevent-elles en fa faveur ? Elle eft chaffée en 1718 par fa proche parente , qui lui jure une haine implacable , & vient occuper fa place dans la maifon du mari , devenu fon efclave : c'eft un fait démontré , fupérieur à toute contradiction. Le fils eft conçu en 1719, dans un tems de réconciliation & d'intelligence entre les époux : c'eft un autre fait appuyé fur des preuves également inébranlables. Deux mois ou environ après la conception, rupture fubite entre le mari & la femme ; rupture prouvée par le parti que prend tout-à-coup la Dame Hatte de revenir contre les procédures qui s'étoient faites de concert. Si les menaces qui obligent la Dame Hatte de cacher l'état de son fils, ne font pas établies, ce n'eſt pas un fait de nature à l'être ; mais la rupture qui ſurvient alors inopinément, en eſt au moins un indice. Quant à l'acte de baptême, ſous le nom de Rougemont, il eſt manifeſte (ſuppoſé que cet acte de baptême ait été celui du Réclamant) qu'il n'a point été l'ouvrage de la Dame Hatte ; puiſque loin de vouloir faire paſſer ſon fils pour enfant des Sieur & Dame de Rougemont, elle lui fait porter pendant dix-huit ans conſécutifs les noms de *Marie-Joſeph-Jean-Baptiſte Corrigé de la Riviere.* Enfin, à l'égard du long ſilence, il eſt conſtant que la Dame Hatte a eu dans tous les tems les plus fortes raiſons d'eſpérer que ſon mari ſe réuniroit avec elle ; ce qui conduiſoit naturellement à la reconnoiſſance du fils. Il eſt conſtant que ſi la réunion n'a pas été effectuée, ç'a été parce que la parente a toujours redoublé de ſoins & d'intrigues pour la traverſer. Le mari eſt arraché à l'épouſe par cette parente en 1730, 1733, 1737, 1741, 1746 ; & l'on ſera ſurpris que la rupture de 1720, après la conception, ait eu la même cauſe ! Le mari ſe réconcilie vingt fois avec ſon épouſe depuis 1730 juſqu'en 1746 ; & l'on aura peine à croire la réconciliation de 1720, dans un tems où le concert eſt prouvé ! Les époux ſont ſurpris en 1737, malgré la ſéparation de fait, venans de ſe donner les dernieres preuves de tendreſſe ; & il paroîtra étonnant que la même choſe ſoit arrivée en 1720 ! La Dame Hatte explique tout, répond à tout. Elle y répond par des faits, dont la plupart ſont conſtatés, dont les autres ſont ſoutenus par les plus fortes vraiſemblances, qui tous se lient, se fortifient réciproquement. Seroit-ce donc-là le caractere de l'imposture ? Seroit-ce l'imagination qui auroit créé ces preuves, ces probabilités qu'on rencontre à chaque pas & sur chaque article ?

Les objections que Mesdames de Vauvray & de Vieuxmaisons ont proposées contre cette premiere partie de la défense de leur mere, n'ont servi qu'à y donner plus de poids.

. On a voulu mettre en problême l'empire si notoire de la parente. La Dame Hatte, a-t-on dit, distribua en 1750, lors du Procès de la communauté, un Mémoire, où elle se déchaînoit contre cette parente, lui reprochant d'avoir semé continuellement le trouble entre les époux, dans l'origine & dans la suite : Ce Mémoire fut supprimé par l'Arrêt qui rejetta la prétention de la Dame Hatte sur la communauté. Mais la suppression fut ordonnée par des raisons particulieres, qui n'ont ici aucune application : 1°. parce que la parente, quoiqu'elle ne fût point extérieurement Partie au Procès, étoit nommée dans le Mémoire : 2°. parce que les faits dont on y rendoit compte, furent regardés comme étrangers à la contestation : 3°. parce que ces faits étoient avancés, sans que les preuves en fussent produites. Il ne s'agit pas aujourd'hui de sçavoir si ce Mémoire a été supprimé ; il s'agit de sçavoir si les faits relatifs à cette parente sont établis. Or on en a vu les preuves, qui seront toujours indestructibles, & auxquelles Mesdames de Vauvray & de Vieuxmaisons n'ont pas même essayé de répondre (1).

(1) Il est bon d'observer ici que le Procès de la Communauté fut entrepris, en 1750, par le Conseil de Monsieur & Madame de Lat-

D'un autre côté on a demandé ſi le ſieur Hatte auroit ainſi ſacrifié le ſeul mâle né de ſon mariage ;
comme ſi un pere, qui s'imagine ne pas l'être, étoit
touché de la maſculinité !

On a demandé encore comment ce pere ne recon-
noit pas ſon fils, dans les tems où les deux époux ſe
réconcilient & ſe fréquentent. Mais eſt-ce connoître le
cœur du jaloux ? Eſt-ce connoître ſes irréſolutions, ſes
inutiles remords, ſes retours continuels à une opinion
dont ſouvent il entrevoit l'injuſtice, & que cependant
il ne peut dompter ? Eſt-ce avoir une idée du pouvoir
de l'obſeſſion, de cette obſeſſion qui ſuit toujours le
ſieur Hatte, qui rallume toujours en lui la fievre prête
à s'éteindre ? La reconnoiſſance du fils ne devoit avoir
lieu qu'avec la réunion : & cette réunion a-t-elle pû
s'accomplir ? N'eſt-il pas inconteſtablement prouvé
qu'elle fut toujours empêchée par l'invincible aſcen-
dant de la parente ?

Enfin on a parlé vaguement d'impoſſibilité morale.
Syſtême qui tend à faire juger contre l'état ſur des
conjectures : à faire décider que déſormais les peres &
meres *feront les maîtres de ſupprimer l'état de leurs
enfans*, toutes les fois que la jalouſie, l'ambition, l'a-
varice même, en un mot une paſſion quelleconque,

---

taignant : & que les rédacteurs du Mémoire contre la parente furent
Monſieur de Lattaignant de Binville, & l'Abbé de Lattaignant ſon frere. La Dame Hatte avoit toujours vêcu avec Madame de Lattaignant
ſa ſœur, & avec Meſſieurs de Lattaignant pere & fils, dans la plus
grande intimité. L'époque de leur éloignement a été la perte du Procès
de la Communauté, qu'ils avoient conduit eux-mêmes. Ce n'eſt que
depuis ce tems qu'on a rompu avec la Dame Hatte, pour ſe lier étroi-
tement avec la parente.

leur infpirera ce fatal projet. Quel fera en effet l'enfant dont l'état aura été fupprimé, qui n'aura pas contre lui des préfomptions ? Ne dépend-il donc pas entierement des peres & meres d'ôter à un enfant qui naît fans armes, le titre légal & la poffeffion ?

Mais dans cette Caufe fur-tout parler d'impoffibilité morale ! quand il eft certain que le mari & la femme agiffent de concert au tems de la conception ! quand on les voit depuis fe rechercher, fe rapprocher perpétuellement, & ne refter féparés de fait que par les manœuvres d'une tierce perfonne acharnée à les défunir !

SECONDE PARTIE.

Faits qui prouvent la légitimité.

Au refte on n'a eu pour objet jufqu'ici que les faits qui écartent directement les prétendus indices d'une maternité illégitime. Il eft tems de s'occuper des faits qui doivent répandre le plus grand jour fur l'innocence, & porter la preuve de la légitimité au plus haut degré où l'humanité puiffe atteindre.

La démonftration parfaite & abfolue de la filiation de l'homme, eft au-deffus de l'homme même. C'eft la raifon de la Loi pour décider toujours que le mari eft le pere, hors le feul cas de l'impoffibilité phyfique. Qui fera fûr, dit la Loi, de n'être pas injufte & barbare, en abandonnant cette falutaire préfomption ? Qui pourra fe dire à foi-même, en reglant l'état d'un

enfant né pendant le mariage , j'ai connu le vrai , &
j'ai difcerné l'auteur de fes jours ? Qui voudra dans
l'incertitude prononcer contre l'innocent ? Qui ne
faifira pas avec joie ce principe dicté par l'équité naturelle , que dans le doute on doit fe déterminer pour la
légitimité * ?

* *In dubio pro libertate refpondendum.*

Cette légitimité, pour les enfans.mêmes qui ont eu
le bonheur de naître fans ennemis , porte-t-elle fur
autre chofe que fur des probabilités? Un acte de baptême , une poffeffion d'état : fignes certains pour affurer
dans la focieté civile le titre d'enfant légitime : fignes
équivoques néanmoins , fignes toujours incertains dans
l'ordre phyfique. La maternité fe démontre. La pater-
nité ne peut jamais fe démontrer *.

* *Mater certa: pater verò incertus.*

Que demandera-t-on donc à l'égard d'un enfant
que les paffions ont immolé, dont l'état a été fupprimé ? Si c'eft une preuve pofitive, elle eft impoffible ; impoffible à ceux mêmes qui ne furent point atta-
qués en naiffant. Si ce font des raifons plaufibles de
préfumer & de croire, on en a vu déja de bien puiffan-
tes : qu'on y joigne celles qui vont fuivre. Réfiftera-
t-on à leur force & à leur concours?

Dès les premiers tems , combien de traces de l'innocence ! La Dame Hatte place fon fils , en 1725 ,
dans la penfion même où font les enfans du fieur de
Ravannes fon frere, & ceux de Madame de Lattaignant fa fœur. Ce fils eft élevé & inftruit publiquement avec les neveux de fa mere. Cette mere va tous
les jours le voir & le careffer fous leurs yeux. C'eft un
des faits articulés par le Réclamant, & dont il y a eu

cent

cent témoins. Seroit-ce donc-là le procédé d'une épouſe qui auroit à rougir de ſa maternité ? Madame de Lattaignant careſſe elle-même habituellement le jeune *la Riviere* dans cette penſion , au milieu de ſes propres fils. Si elle va ſeule à la penſion , elle ne manque point de le faire appeller avec ſes enfans. C'eſt encore un fait articulé , dont toute la penſion dépoſera , & que Madame de Lattaignant, qui eſt vivante , ne peut déſavouer. Non-ſeulement elle voit le Réclamant à la penſion , mais elle va le voir auſſi chez les ſieur & Dame Corrigé. Une ſœur ſi vertueuſe & ſi reſpectée s'oubliroit-elle donc à ce point pour un enfant qu'elle croiroit le fruit du déſordre de ſa ſœur? Les procédés du mari envers ſa femme , à compter de 1730 , ont été développés; qu'on les apprétie ici. Un mari qui auroit cru ſa femme coupable, qui n'eût pas été diſpoſé au moins à ſe croire pere de l'enfant dont il ſavoit l'exiſtence, eût-il pu eſtimer, chérir, honorer cette femme, & s'occuper ſans ceſſe de la réunion ? La conduite de la famille de ce mari, dans les mêmes époques , a été auſſi développée : qu'on l'apprétie encore. Cette famille , qui ſavoit tout , qui avoit ſçu la groſſeſſe & l'accouchement , n'avoit point diſcontinué de voir & d'accueillir la Dame Hatte , ne ceſſe de la plaindre , de la conſoler, de la juſtifier, comme on le remarque ſingulierement en 1733. Cela arriveroit - il donc ſi la femme étoit criminelle , ſi l'on n'étoit pas perſuadé dans cette famille du mari , qu'elle ne l'eſt point ?

Mais c'eſt aux derniers tems ſur-tout qu'il faut s'attacher : c'eſt à ce qui ſe paſſe pendant la maladie dont le fieur Hatte pere décede au mois d'Octobre 1759 : c'eft à ce qui fe paffe lors de la réclamation du fils en 1764. La vérité alors fe montre fans voile. Elle fe fait entendre de tous côtés, par la voix de la mere, par celle des deux filles, par celle de tous les parens du pere fans exception. Sera-t-elle donc encore méconnue?

Premiere Epopoque, maladie du fieur Hatte en 1759.

Pendant la maladie du fieur Hatte, un premier fait conftant, prouvé par une piece dont la découverte eft due à Mefdames de Vauvray & de Vieuxmaifons ellesmêmes : C'eft que la Dame Hatte s'eft plainte au confeffer de fon mari, du vivant de ce mari, de la fuppreffion d'état commife contre fon fils.

Le 29 Août 1759, fix femaines avant la mort du fieur Hatte, lettre de la Dame Hatte au Curé de la Madeleine, où elle parle d'abord de *la cruelle ennemie* qui a caufé tous fes malheurs. *Elle a eu le front*, dit la Dame Hatte dans cette lettre, *d'occuper ma place dans l'Eglife* * *& dans ma maifon. Le venin de fon ame & toutes les noirceurs qu'elle a employées pour détruire dans le cœur de M. Hatte les principes les plus facrés, raffemblent dans ce moment fatal toutes leurs forces vis-àvis de la mere & des enfans. C'eft fous fa dictée que les Audiences & les Mémoires imprimés de M. Hatte, dans le tems de mon Procès, ont été remplis de fauffetés & de calomnies odieufes.* La Dame Hatte s'explique enfuite en ces termes : *je vois qu'il ne me refte d'autre reffource que de gémir amerement jufqu'au dernier foupir de ma vie, fur le bandeau qui aveugle M. Hatte, ET LUI FAIT TENIR CAPTIVE UNE VÉRITÉ DONT L'AVEU LE FEROIT PÉRIR.*

* *Lors du mariage de Madame de Vauvray.*

On l'a obfervé ailleurs : ce n'a été que par le fait de Mefdames de Vauvray & de Vieuxmaifons, qu'on a connu les lettres de la Dame Hatte au Curé de la Madeleine. Ces lettres, par conféquent, dont les dates font de plus certifiées par le Curé, ne peuvent être fufpectes.

Quelle étoit cette *vérité* que le fieur Hatte tenoit captive ? Quelle étoit cette vérité, fi affreufe que le fieur Hatte n'eût pu en faire l'aveu fans *périr* ? C'étoit la fuppreffion de l'état du Réclamant, & ce ne pouvoit être autre chofe. Jamais ces expreffions fi énergiques ne pourront recevoir une autre application.

La Dame Hatte s'adreffe donc au Confeffeur de fon mari, quand ce mari eft encore plein de vie, pour fe plaindre de ce que l'état de fon fils a été indignement fupprimé. C'étoit s'adreffer à ce mari lui-même. C'étoit interpeller fa confcience, par le miniftere de celui qui avoit droit d'y defcendre & de la fonder. La fécurité de l'innocence peut-elle être plus évidente ?

Pendant cette même maladie du fieur Hatte, un autre fait certain, & fur lequel on ne fera point illufion à la Juftice : C'eft que la Dame Hatte a employé tous fes efforts *pour préfenter fon fils à fon mari, & le lui faire reconnoître :* que les perfonnes intéreffées à empêcher la reconnoiffance (c'eft-à-dire la parente, & les deux filles de la Dame Hatte) ont tremblé que ce fils ne fût préfenté ; & ont en conféquence ufé de voies de fait pour mettre obftacle à cette démarche.

Si cela eft vrai, la maternité légitime a-t-elle pu fe

manifefter avec plus d'éclat ? Une femme qui n'eût point embraffé fon mari dans le tems de la conception, ofer fe préfenter devant lui avec le fruit de fon crime ! Ofer lui demander de le reconnoître ! Une telle impudence ne peut s'admettre. Eh à quoi eût-elle abouti ? C'eût été chercher contre foi-même & contre fon fils un titre prefqu'invincible , un refus inévitable qui n'eût fervi qu'à jetter fur la réclamation qu'on méditoit, les couleurs les plus odieufes. D'un autre côté fi les deux filles ont craint que le fils ne fût préfenté , fi elles y ont oppofé la force, elles ont donc penfé que la reconnoiffance pourroit avoir lieu. Elles avoient donc connu dans leur pere de la difpofition à reconnoître , de l'incertitude au moins, & de l'irréfolution.

Or, quatre circonftances articulées fur ce point. 1°. Que le Réclamant n'a point ceffé d'être *à la porte du fieur Hatte* , dans la rue , pendant les quatre derniers jours de fa vie, à commencer du famedi 6 Octobre , jour des Sacremens, jufqu'au 10 Octobre , jour du décès. 2°. Qu'à compter du 7 Octobre , lendemain de l'adminiftration , les portes de la chambre du fieur Hatte ont été *fermées aux verrouils* fans difcontinuation jufqu'au moment de la mort, & que la Dame Hatte , qui pendant tout ce tems n'a point quitté la maifon, n'a pu obtenir ni par prieres ni par menaces qu'on les lui ouvrît. 3°. Que Madame de Vauvray qui faifoit l'avant-garde dans l'appartement du fieur Hatte , a chargé le fieur de Lalonde *d'aller voir fi le Réclamant étoit à la porte.* 4°. Que Madame de Vieuxmaifons s'eft écriée fur l'efcalier , tandis que la Dame Hatte étoit à dîner dans la maifon au fecond étage , LES PLUS GRANDS ENNEMIS DE MON PERE SONT ICI : M. DE ROUGEMONT EST A LA PORTE : ON VEUT LE PRÉSENTER ET LE FAIRE RECONNOÎTRE.

On a icià juger de l'intention : on ne peut en juger que par les faits extérieurs. Que l'on combine ces quatre circonftances. Le fils continuellement à la porte ; les portes de la chambre du pere fermées aux verrouils dès le lendemain des Sacremens jufqu'à la mort : la mere dans l'appartement, ne défemparant point pendant les trois jours qui fuivent, demandant, fuppliant en vain qu'on la laiffe approcher du chevet de fon mari: les deux filles intriguées , agitées au point que l'une envoie favoir fi le fils eft encore à la porte , & que l'autre crie, *il y eft, on veut le préfenter & le faire reconnoître*. Eft-il poffible de s'y tromper? Peut-il y avoir l'ombre d'un doute fur le deffein de la mere & fur celui des filles? C'eft Madame de Vieuxmaifons qui dit, qui déclare, qui publie hautement que fa mere veut préfenter fon fils & le faire reconnoître. Et le fait feroit encore équivoque !

Ce fait (dont tous les domeftiques , qui étoient alors chez le fieur Hatte , dépoferont ainfi que le fieur de Lalonde & autres) n'étoit fufceptible en lui-même que de la preuve teftimoniale. Mais il n'eft pas fimplement articulé. Il eft prouvé dès-à-préfent. Il a même été formellement avoué aux Requêtes du Palais , par le Défenfeurs de Mefdames de Vauvray & de Vieuxmaifons.

On a parlé dans la premiere partie , d'une lettre

écrite par la Dame Hatte au Curé de la Madeleine ¨,
le 24 Décembre 1759, six semaines après le décès du
sieur Hatte. On n'a rapporté qu'un seul passage de
cette lettre. En voici la teneur plus au long. *Vous
m'avez dit, Monsieur*, marque la Dame Hatte au
Curé, *en présence de M. du Cellier, que tout avoit
retenti dans la maison de M. Hatte, dans les derniers
momens de sa vie*, QUE M. DE ROUGEMONT MON
FILS ÉTOIT A LA PORTE, ET QU'IL Y ATTENDOIT
LE MOMENT QUE JE LE PRÉSENTASSE A SON PERE :
QUE JE N'EN CHERCHOIS QUE L'OCCASSION : ET
QU'ON L'AVOIT APPRÉHENDÉ. *Je ne disconvien-
drai pas, Monsieur, que M. de Rougemont étoit aux
environs de la maison, par mes ordres, pour attendre le
moment d'être présenté à son pere. Comme M. Hatte
m'avoit promis dans tous le tems, qu'il lui auroit rendu
justice de son vivant, si je voulois le laisser maître du
moment, je n'avois pas douté, Monsieur, lorsque vous
vous êtes donné la peine de venir me chercher de sa part à
Chatou, qu'il ne voulût effectuer sa promesse. Mais
probablement* LES PRÉCAUTIONS AYANT ÉTÉ MULTI-
PLIE'ES, APRÉS LES SACREMENS REÇUS, POUR
M'EMPÉCHER DE RENTRER DANS SA CHAMBRE,
*je n'ai pu lui rappeller ses promesses, ni lui présenter
son fils*, AINSI QUE VOUS LE SAVEZ BIEN, Le Curé
répond à cette lettre le 28 du même mois de Décembre 1759, & quelle est sa réponse? *Il très-vrai, Madame*, QUE J'ENTENDIS DIRE CHEZ M. HATTE, DANS
LES DERNIERS JOURS DE SA VIE, QUE M. DE ROUGE-
MONT ÉTOIT AUX ENVIRONS DE LA MAISON ; QUE L'ON

s'attendoit de moment a autre a le voir entrer pour être présenté a M. Hatte par Madame son épouse a l'effet de le faire reconnoître. *Ce sont les propos qui furent tenus alors , & qui
n'eurent point d'exécution , puisque M. Hatte est mort ,
comme vous savez ,* sans avoir vu M. de Rougemont , non plus que vous , *ni Mesdames ses filles ,
si ce n'est Madame de Vieuxmaisons qui étoit avec moi
dans sa chambre lorsqu'il est mort.*

Ces deux lettres , rapprochées l'une de l'autre , écri-
tes dans un tems où les faits étoient récens, ne laissent
aucun nuage. La Dame Hatte dit au Curé , *je n'ai
pu présenter mon fils , vu les précautions qu'on a
prises pour m'en empêcher , ainsi que vous le savez bien.*
Le Curé ne nie pas le fait. Il le confirme au contraire
visiblement par cette maniere d'y répondre : *M. Hatte
est mort , comme vous savez , sans avoir vu M. de Rougemont non plus que vous.* Il déclare au reste *qu'on disoit
dans la maison que M. de Rougemont étoit à la porte ,*
et qu'on s'attendoit de moment a autre a le
voir entrer pour être présenté. C'est pour ob-
vier à ce projet de la mere , dont on est intimement
convaincu, qu'on ferme les portes de la chambre du
malade aux verrouils (1).

(1) Madame de Vieuxmaisons, pendant que la Cause se discutoit
aux Requêtes du Palais, s'étoit fait écrire par le Curé de la Madeleine
une lettre où il étoit dit que, *selon toute apparence , la Dame Hatte n'a-
voit eu d'autre objet que de tirer de l'argent de son mari.* Ce Curé a désa-
voué aussi-tôt ce qu'il avoit marqué dans cette Lettre, par une autre Lettre qu'il a écrite au Défenseur du Réclamant, & où il déclare qu'*il s'en
réfere uniquement à ce qu'il a écrit dans le tems du décès , comme étant la
vérité , qui lui étoit échappée par le laps de tems.*

Quand on ajoutera à cette preuve, l'aveu fait dans le premier Tribunal, manquera-t-il quelque chose à la conviction ? Le fait dont il s'agit ici étoit articulé. Il avoit été plaidé avec chaleur. On avoit reproché à Mesdames de Vauvray & de Vieuxmaisons d'avoir empêché que le Réclamant ne fût présenté. Quel est dans cette position le langage du Défenseur de Madame de Vauvray ? Après avoir disertement avoué *que le Réclamant étoit à la porte*, il s'explique ainsi : « on articule *que dans les derniers jours de la maladie* » *du sieur Hatte, les portes ont été fermées.* J'ai déja » dit que ces faits ne regardoient pas Madame de Vau- » vray, puisqu'elle - même n'avoit pas rentré dans la » chambre du malade. Mais, *quels que soient ces faits*, » la Dame Hatte a vu son mari dans l'instant le plus » précieux, & ils n'ont rien produit. QUE SEROIT-CE » SI ELLE AVOIT PU SURPRENDRE A SON AGONIE LE » MOINDRE SIGNE ? ET QUI DE NOUS NE SE SEROIT » PAS CRU EN DROIT DE PRENDRE DES PRÉCAUTIONS » CONTRE LA SURPRISE, OU CONTRE LA VIOLENCE » MÊME, AFIN QUE L'INSTANT D'ANÉANTISSEMENT » NE DÉTRUISIT PAS L'OUVRAGE DE QUARANTE ANS » DE RAISON (1) ». Le Défenseur de Madame de Vieuxmaisons parle ensuite ; & bien loin de s'élever contre cet aveu, il déclare *qu'il emploie tout ce qui a été plaidé de la part de Madame de Vauvray : qu'il ne pourroit que l'affoiblir, &c.*

Si ce n'est pas - là avoir rendu l'hommage le plus

(1) Tout ce passage a été copié mot à mot, sur le plaidoyer du Défenseur de Madame de Vauvré, entre les mains du Ministere public.

formel

formel au fait articulé, y aura-t-il jamais rien d'avoué en Juſtice ? Quand l'aveu a été relevé, on a prétendu n'avoir parlé que par hypotheſe. Enſorte qu'il auroit fallu, ſelon Meſdames de Vauvray & de Vieuxmaiſons, qu'elles euſſent dit préciſément, *oui le fait eſt vrai : on vouloit préſenter le Réclamant ; & pour l'empê-cher nous avons fermé les portes aux verrouils.* Il ne faut pas diſſerter, il ne faut que lire. L'impreſſion eſt faite auſſi-tôt qu'on a lu. L'aveu ne pouvoit être plus clair. *L'ouvrage de quarante ans de raiſon* eſt-il auſſi une hy-potheſe ? C'eſt avoir dit bien nettement que depuis quarante ans le ſieur Hatte refuſoit de reconnoître ſon fils, que conſéquemment depuis quarante ans la Dame Hatte ſollicitoit la reconnoiſſance.

Aujourd'hui encore ne convient-on pas des portes fermées aux verrouils ? On cherche ſeulement à faire croire que ce fut le malade qui en donna l'ordre. Il s'étoit réconcilié la veille avec ſa femme & avec Dieu même. Un pareil outrage pouvoit-il ſe préſenter à ſon eſprit dans de pareilles circonſtances? Tout a été avoué en un mot. Il n'eſt que trop vrai que la mere n'a pu remplir l'objet pour lequel ſon fils étoit à la porte, & qui cauſoit tant d'alarmes à ſes filles. Il ne peut reſ-ter ſur ce point la plus légere incertitude.

La Dame Hatte, dit-on, avoit vu ſon mari le ſa-medi 6, jour des Sacremens ; & elle n'avoit point pré-ſenté ſon fils.

Elle avoit vu ſon mari en effet, & elle en avoit reçu le plus tendre accueil, comme le Curé l'atteſte dans une de ſes lettres. Mais elle étoit tombée évanouie,

G

comme le Curé l'attefte en même tems. A peine eft-elle remife de cet accident qu'elle vole le lendemain , 7 Octobre, à 7 heures du matin , chez fon mari, toujours fuivie de fon fils. C'eft alors que les verrouils font mis , & ils fubfiftent jufqu'au décès.

On affecte d'un autre côté de parler *d'agonie* , pour infinuer apparemment que la Dame Hatte avoit attendu, pour agir, que fon mari ne fût plus en état de prononcer. Déplorable défaite, qui n'a été imaginée que par Madame de Vauvray. Le Défenfeur de Madame de Vieuxmaifons a plaidé pofitivement que la maladie du fieur Hatte étoit *une maladie de langueur* : & dans ces fortes de maladies la raifon ne s'éteint qu'avec la vie même. La Dame Hatte agit le jour même des Sacremens , puifque fon fils eft à la porte dès ce jour-là : or , attend-on l'agonie pour donner le Viatique ? Le lendemain 7 Octobre, le fieur Hatte étoit fi peu agonifant, que c'eft lui, fi l'on en croit Mefdames de Vauvray & de Vieuxmaifons, qui donne l'ordre de mettre les verrouils. Il étoit fi peu agonifant le fur-lendemain 8 Octobre, qu'il charge le Curé de remettre à fa femme cent mille francs, & de lui dire expreffément (ce font les termés du Curé dans une de fes lettres) *qu'elle peut faire de cette fomme l'ufage qu'elle jugera à propos , & qu'on ne lui en demandera jamais aucun compte.* Si le fieur Hatte enfin eût été agonifant, s'il eût été hors d'état de rendre juftice , auroit-on fi fort redouté une reconnoiffance qu'il n'eût plus été poffible d'effectuer ?

Voici le complément des preuves de l'innocence : voici ce qui doit achever de faire taire les pré-
jugés : voici un événnement que le menfonge n'a pu
préparer, que la force de la vérité a feule pu pro-
duire.

Le jour arrive où le fieur Hatte fils, fruftré par la
mort de fon pere & par les obftacles qu'on a fait naître,
de la reconnoiffance volontaire que fa mere avoit toujours efpérée, eft forcé de recourir à l'autorité de la
Juftice : où la Dame Hatte, âgée de 78 ans, prête à
paroître devant celui qu'on ne trompe point & dont on
n'évite point la vengeance, va entrer dans le temple de
la Juftice pour jurer en préfence de fes deux filles qu'-
elles ont un frere, un frere appellé par la nature comme par la loi, à partager leur nom & leurs poffeffions ?

Quel parti va prendre la famille du pere ? Si la
Dame Hatte n'a point été une époufe indignement
perfécutée, & dans fa perfonne & dans celle de fon fils,
fi ce fils eft redevable de la vie à l'infidélité de fa mere,
toute cette famille paternelle va s'armer fans doute
contre une entreprife auffi hardie qu'injurieufe. Elle
le doit à la mémoire d'un mari outragé : elle le doit
à deux héritieres légitimes qu'on ofe troubler : elle fe
le doit à elle-même.

Toute cette famille applaudit publiquement à la réclamation. Le Réclamant écrit à plufieurs parens paternels, qui fe trouvoient à la campagne *, qu'il vient
de former fa demande. Et que lui répondent-ils à l'en-
vi les uns des autres ? *Soyez affuré de la fincérité de nos
vœux pour le fuccès de cette demande. Si ces vœux font*

G ij

*Deuxieme
Epoque.*
Réclamation
duFils en 1764.

* Au mois de
Septembre.

exaucés , vous serez bientôt content. L'un ajoute , *votre réuſſite ne peut que nous flatter tous.* Un autre dit , en parlant de la Dame Hatte, VOTRE RESPECTABLE MERE. Les lettres ont été lues à l'Audience.

En même tems le Réclamant rend viſite à tous les autres parens paternels qui étoient à Paris. Par-tout des témoignages d'affection & de joie au-deſſus de toute expreſſion. Des repas où la mere & le fils ſont fêtés enſemble & ſéparément. Des repas rendus par la mere & le fils à toute la famille aſſemblée. Pluſieurs de ces parens ne balancent pas à donner au Réclamant en public le titre de *couſin.* Et ce qui eſt arrivé alors, n'a point fini depuis. On a nommé à l'Audience tous ces parens. Ce ſont d'abord tous les couſins germains du feu ſieur Hatte ; c'eſt enſuite tout ce qui tient à ſa famille, de près ou de loin ; Magiſtrats, Militaires, Eccléſiaſtiques. Ce ſont enfin tous les membres de cette famille paternelle, ſans en excepter un ſeul. (1)

Il n'y a point de milieu, ou ceci eſt une fable, ou la mere eſt innocente. Une fable ! les lettres ſont repréſentées. Les parens qui n'ont pas été dans le cas d'écrire ſont exiſtans, ſont connus, & l'on peut les interroger. La Dame Hatte & ſon fils ont-ils donc, avec le ſouffle empoiſonné du menſonge, corrompu tous ces parens incorruptibles ? Auroient-ils pu, avec des faits controuvés, ſemer l'illuſion dans toute cette famille du pere ?

(1) Les parens de la Dame Hatte ont tenu la même conduite (à l'exception de Madame & Meſſieurs de Lattaignant). Mais on ne parle que des parens du pere, dont le ſuffrage ne peut être ſuſpect.

Cette famille a eu néceſſairement un motif. Quel eſt-il ?

Seroit-ce l'intérêt ? Mais ces parens deviendroient les héritiers du feu ſieur Hatte, ſi ſa deſcendance peu nombreuſe venoit à s'éteindre : ils feroient donc intéreſſés à exclure celui qu'ils reconnoiſſent.

Seroient-ce les follicitations? Eh ! par quels enchantemens une mere coupable, un fils illégitime, feroient-ils parvenus à diſſiper dans tous ces eſprits éclairés l'impreſſion de la vérité, de leur intérêt, de leur honneur même !

Le motif a donc étél'amour du vrai , l'amour de la juſtice ; l'intime perſuaſion en un mot de l'aveuglement du pere, de l'innocence de la mere, de la légitimité du fils. Ces parens ont tout vu , ont tout ſçu. On a penſé dans la famille du pere en 1764, comme on y avoit penſé de tout tems, comme on y penſoit en 1733 : *A ma ſurpriſe a ſuccédé l'indignation contre la furie d'enfer qui gouverne tout cela. Retirez vos meubles d'une maiſon où vous ne devez pas habiter ,* ET OU TOUT LE MONDE SÇAIT QUE VOUS DEVRIEZ HABITER.

Les lettres , a-t-on dit , ne font que des lettres *de politeſſe & d'uſage.* Objection trop puérile pour mériter qu'on la releve. Des lettres de politeſſe & d'uſage en pareille occaſion ! des lettres où l'on fait les vœux les plus ardens pour le ſuccès ! Si l'on eût eu l'idée de l'illégitimité , auroit-on daigné répondre ? Les repas de famille , les qualifications de couſin font peut-être auſſi en pareil cas, des procédés de *politeſſe & d'uſage.*

Plufieurs de ces parens, a-t-on ajouté, ne font pas à s'en repentir. Il fuffiroit que dans le premier moment la vérité eût reçu fon tribut. Mais a-t-on cité un feul parent qui eût tergiverfé? Depuis cette téméraire allégation, tous n'ont fait que redoubler de zele & d'ardeur.

Quelques-uns, a-t-on dit encore, ont affifté depuis la mort du fieur Hatte à des avis de parens, fans prétendre qu'il eût laiffé un fils. Comme fi ç'eût été à eux à prévenir une réclamation que ce fils étoit contraint de différer, jufqu'à ce qu'il eût complerté fes preuves *.

Inutiles efforts. On n'énervera point, on n'enlevera point à la Dame Hatte ce précieux témoignage de toute la famille de fon mari ; ce jugement domeftique, fi folemnel & fi frappant, qu'elle ne ceffera point d'oppofer à fes filles.

Qu'on le rapproche, ce jugement, de toutes les circonftances expofées & établies, foit dans cette feconde partie, foit dans la premiere. Tout n'eft-il donc pas confirmé, tout n'eft-il pas démontré par ce feul fuffrage ? Ne vaut-il pas feul toutes les preuves dont un pareil objet peut être fufceptible ?

Il a paru bien des Caufes d'Etat. A-t-on vu dans aucune ce qu'on rencontre dans celle-ci ? A-t-on vu l'enfant naître au milieu des attentats d'une ennemie, qui ayant juré la perte de la mere, a eu le même intérêt de jurer celle du fils ? A-t-on vu l'époque de la con-

---

(1) Les raifons de différer depuis le décès du pere font expliquées & prouvées dans le Mémoire du Réclamant.

ception de l'enfant marquée du fceau de la légitimité, par l'intelligence des époux? A-t-on vu la mere porter fes plaintes au Confefleur de fon mari fur la fuppref-fion de l'état de fon fils, & accourir enfuite pour fommer ce mari lui-même, quand l'équité & la religion doivent enfin triompher de tous les obftacles, de recon-noître celui qui lui doit le jour? A-t-on vu la famille entiere de l'époux dans le moment critique, au moment de la réclamation, tendre les bras à la mere & au fils, & invoquer avec eux l'autorité des Magiftrats?

Jamais un tel fpectacle ne s'eft préfenté, jamais il ne reparoîtra; ou s'il peut reparoître dans quelqu'autre Caufe, ce fera inconteftablement le cri de la vérité. Que craindroient-ils donc ces Magiftrats, image de la Divinité fur la terre, qui tiennent dans leurs mains la vie, l'état, l'honneur des Citoyens? Que craindroient-ils en prononçant avec la Loi que la mere eft inno-cente, que le fils eft légitime? Et que ne craindroient-ils pas, fi s'abandonnant à de trompeufes conjectures, ils pouvoient être tentés de fuppofer le crime où il n'a point exifté!

Non, non, les filles accufatrices ne remporteront point du fanctuaire un titre d'ignominie pour leur mere, pour leur frere, & pour elles-mêmes. Non, non, ce frere fi eftimé, & fi eftimable, dont le fang coula plus d'une fois pour la Patrie, ne fera point con-fondu à jamais. Que les regards de la Juftice ne fe por-tent plus que fur lui dans ce redoutable inftant. Que la mere n'ait plus à rendre compte qu'à l'Être fuprême d'un fait qui ne peut être pleinement dévoilé qu'à fes yeux. Que les Loix décident en un mot. Si elles peuvent feules foutenir ceux qui s'avancent en trem- blant pour entendre leur Arrêt, elles peuvent feules auffi affurer le calme intérieur à ceux qui font affis pour juger.

Monfieur SEGUIER, Avocat Général.

Mᶜ THEVENOT D'ESSAULE, Avocat.

DESJOBERT, Proc.

OBSERVATIONS

OBSERVATIONS

POUR LA DAME HATTE.

Sur les prétendus aveux *qu'il n'y a que deux enfans du mariage.*

MESDAMES de Vauvray & de Vieuxmaisons, dans les dernieres Audiences, n'ont cessé de répeter que leur mere avoit reconnu en différens tems qu'il n'y avoit que deux enfans nés de son mariage. On répond ici en peu de mots aux preuves qu'elles ont prétendu donner de cette allégation.

I. Elles argumentent d'un Arrêt intervenu entre la Dame Hatte & son mari le 4 Septembre 1721. Cet Arrêt confirme une Sentence du Châtelet, du 6 Août de la même année, portant séparation de biens. Il est ajouté dans le dispositif, que le sieur Hatte retiendra sur la dot de sa femme une somme de 20000 livres pour servir à l'entretien, nourriture & éducation *des deux enfans provenus du mariage.*

Voilà une énonciation, dit-on, qui emporte recon-

H

noiſſance de la part de la Dame Hatte, qu'il n'y avoit que deux enfans nés de ſon mariage.

L'induction pourroit être propoſée, s'il étoit démontré que c'eſt *par le fait de la Dame Hatte , ou de ſon conſentement*, que cette énonciation furtive ſe trouve dans l'Arrêt. Mais le prouve-t-on? Sera-t-on jamais en état de le prouver?

L'Arrêt du 4 Septembre 1721 dont il s'agit, fut paſſé de concert ; il ſuffit, pour s'en convaincre, de faire attention à quatre circonſtances. 1°. On avoit déja procedé de concert à la ſéparation de biens en 1719. 2°. La Cour avoit jugé, dix-huit mois avant cet Arrêt de 1721 , qu'il n'y avoit aucuns moyens de ſéparation de biens (1). 3°. Cet Arrêt de 1721 eſt rendu *le 4 Septembre*, ſur l'appel d'une Sentence *du 6 Août précédent*, enſorte qu'il n'y a pas un mois d'intervalle entre la Sentence qui ſépare & l'Arrêt qui confirme. 4°. On voit par le diſpoſitif même de cet Arrêt que le ſieur Hatte , bien loin de ſoutenir ſérieuſement le mal jugé de la Sentence portant ſéparation, avoit conclu à ce que *dans le cas où la Cour jugeroit à propos de confirmer ladite Senntence , il fût dit qu'il conſerveroit 20000 liv. ſur la dot , &c.*

En 1750 , lors du Procès de la communauté, où il étoit queſtion de faire rétracter cet Arrêt du 4 Septembre 1721 par la voie de la Requête civile , le Défenſeur du ſieur Hatte convenoit aſſez que l'Arrêt avoit été·

____

(1) *Voyez* dans le Mémoire de la Dame Hatte , la premiere Sentence qui avoit ſéparé de biens , le 8 Octobre 1719 , infirmée par un Arrêt du mois de Février 1720.

paſſé de concert ; il ſe retranchoit à dire, *en tout cas le concert n'a pas été frauduleux* * : *il n'y a donc point eu de dol : il n'y a donc point d'ouverture à la Requête civile.*

Cela poſé, il eſt ſenſible que l'énonciation *des deux enfans provenus du mariage* a pu dériver aiſément de deux ſources : ou de l'erreur des deux Procureurs qui rédigent l'Arrêt, & qui ne connoiſſent que *deux en-fans du mariage* : ou de la fraude de ceux qui ſavoient l'exiſtence du troiſieme enfant, & qui ſe propoſoient de ſe fabriquer contre lui des titres.

On étoit convenu, en faiſant ordonner la ſépara-tion d'accord, que le ſieur Hatte retiendroit 20000 livres pour ſervir à l'entretien & éducation des deux filles des Parties ; au lieu de s'expliquer ainſi dans l'Ar-rêt, les deux Procureurs, qui l'un & l'autre agiſſoient pour le mari (1), diſent *des deux enfans provenus du mariage.* Une pareille énonciation peut-elle donc être oppoſée à la Dame Hatte ? C'eſt argumenter contre elle d'une erreur ou d'une fraude à laquelle elle n'a eu aucune part. Dès que l'énonciation a pu ſe gliſſer dans l'Arrêt ſans ſa participation, il eſt impoſſible de la lui imputer, & conſéquemment d'en rien induire contre les déclarations qu'elle fait aujourd'hui à la Juſtice.

On pourroit ajouter qu'en ſuppoſant même que la Dame Hatte eût connu l'énonciation, & l'eût ſouf-ferte, il n'en réſulteroit aucune conſéquence. La même crainte, en effet, qui lui faiſoit tenir ſecret l'état de ſon

* Mémoire de Mᶜ de Ré-verſeaux, dif-tribué en 1750.

____

(1) Ces deux Procureurs étoient Mᵉ Baſly & Mᶜ Formé : les mêmes qui avoient agi dans la Procédure de 1719.

fils, âgé pour lors d'un an, eût pu la déterminer à se taire, & à ne point s'élever contre cette énonciation erronée ou frauduleuse. Mais la vérité est qu'elle n'en a eu nulle connoissance. Et encore une fois le contraire ne sera jamais établi.

· II. Mesdames de Vauvray & de Vieuxmaisons se prévalent ensuite d'un Mémoire à consulter, où l'on exposoit pour la Dame Hatte en 1750, au sujet de la communauté, *que les commencemens de son mariage avoient été heureux & suivis de la naissance de deux filles.*

Elles joignent à ce Mémoire à consulter une Requête en cassation présentée par la Dame Hatte en 1760, où il est dit : *La naissance de deux enfans dans les premieres années du mariage.*

Selon elles, la Dame Hatte a reconnu par ces expressions qu'elle n'avoit eu que deux enfans ; comme si en parlant des deux enfans nés dans les commencemens du mariage, en 1714 & 1715, on avoit exclu le troisieme né en 1720 !

III. Enfin l'on insiste sur quelques pieces de procédures faites à la requête de la Dame Hatte, où l'on a donné à Mesdames de Vauvray & de Vieuxmaisons les qualités de *seules habiles à se dire héritieres*, ou de *seules & uniques héritieres du sieur Hatte.* Ces pieces font une Requête du 31 Janvier 1760, tendante à ce qu'il fût ordonné que la Dame Hatte assisteroit aux scellés : une Requête verbale du 13 Août 1760 sur le même ſujet : une déclaration de dépens du 17 Septembre 1760 : un commandement du 29 Août 1761 pour raiſon de la penſion alimentaire due à la Dame Hatte, & des arrérages de ſon douaire.

Il ſuffiroit de répondre que de telles énonciations (dans des procédures que la Dame Hatte n'a point ſignées, & dont on ſait qu'une femme ſur-tout n'a point coutume de prendre lecture) ſont réputées de plein droit le fait des Officiers ſeuls. Ces Officiers ignorent l'exiſtence du troiſieme enfant, qui alors n'avoit point réclamé ; ils voyent Meſdames de Vauvray & de Vieuxmaiſons prendre dans tous les actes la qualité de *ſeules & uniques héritieres* ; ils leur donnent la même qualification ; & ce ſera là un aveu de la part de la Dame Hatte !

Mais tout annonce d'ailleurs clairement combien la Dame Hatte étoit éloignée de ne reconnoître que deux héritieres, ou, ce qui eſt la même choſe, deux enfans ſeulement provenus du mariage. 1°. Meſdames de Vauvray & de Vieuxmaiſons produiſent, parmi ces procédures, une procuration ſignée de la Dame Hatte, portant pouvoir d'agir contre ſes filles à fin de paiement de ſa penſion alimentaire ; y trouve-t-on quelque mention du titre de *ſeules & uniques héritieres ?* La Dame Hatte a ſoin de ne donner dans cette procuration aucune ſorte de qualité à ſes filles. 2°. C'eſt dans ce tems-là même qu'on voit la Dame Hatte écrire au Curé de la Madeleine, *Monſieur de Rougemont mon fils*, & lui parler *des promeſſes que lui fit toujours ſon mari de reconnoître ce fils* *. Comment vouloir perſuader, dans de telles conjonctures, que c'eſt la Dame Hatte qui a préſidé aux

* Lettre du 24 Décemb. 1759.

énonciations glissées dans les procédures faites à sa requête ?

En un mot, dans tout ce qui est du fait de la Dame
Hatte, dans tout ce qui lui est personnel, nulle trace
de ces prétendus aveux qu'on voudroit réaliser. Chercher ces aveux dans des pieces dont la Dame Hatte a
ignoré parfaitement le contexte, c'est tendre à la religion des Magistrats un piége trop grossier.

Il ne faut qu'une réflexion toute simple pour écarter
les énonciations dont on abuse. Sont-elles l'ouvrage de
la Dame Hatte ? On sera forcé de convenir au moins
qu'elle a pu n'y point participer. Or le doute seul seroit
suffisant pour que ces énonciations ne fussent d'aucune
conséquence, puisque, pour pouvoir les opposer à la
Dame Hatte, il faudroit démontrer avant tout qu'elles
ont procedé de son fait.

Monsieur SEGUIER, Avocat-Général.

Me THEVENOT D'ESSAULE, Avocat.

DESIOBERT, Procureur.